Mieke van Hooft
Der Taschendieb

AF203536

Mieke van Hooft

Der Taschendieb

Aus dem Niederländischen
von Jeanne Oidtmann-van Beek
und Peter Oidtmann

Hase und Igel®

Für Lehrkräfte gibt es zu diesem Buch
ausführliches Begleitmaterial beim Hase und Igel Verlag.

MIX
Papier | Fördert
gute Waldnutzung
FSC® C014889

© 1989 U. M. Holland – Haarlem für die Originalausgabe „DE TASJESDIEF"

© 1995 Beltz Verlag, Weinheim und Basel
Programm Anrich, Weinheim für die deutsche Ausgabe

© 1999 Hase und Igel Verlag GmbH, München
für die vorliegende Schulausgabe
Druck: Friedrich Pustet GmbH & Co. KG, Regensburg

ISBN 978-3-86760-001-9
14. Auflage 2024

1.

Jeden Freitagnachmittag gehe ich zu Roos. Deshalb fängt diese verflixte Geschichte auch an einem Freitag an.

Meine Mutter findet es verrückt und unpassend, dass ich Oma beim Vornamen nenne. Aber meine Mutter findet so viele Sachen an mir unpassend. Unpassend und verrückt.

Und ich finde es verrückt, dass sie jeden Freitagnachmittag mit ihren Freundinnen Tee trinkt und sich übers Abnehmen unterhält. Ich sage oft, dass sie einfach weniger essen soll, aber meine Mutter hat mehr Vertrauen in Sherrykuren, Brottage oder eine Steakdiät.

Manchmal denke ich, dass sie mittlerweile jede Diät, die es gibt, durchprobiert hat, aber am Freitagnachmittag gibt es immer wieder eine Freundin, die noch einen neuen Einfall hat, zum Beispiel eine Wasserdiät oder eine Obstdiät. Neulich hat meine Mutter sogar eine Essigdiät gemacht, aber eigentlich sollte man besser „Schlechte-Laune-Diät" sagen. Meine Mutter sah aus, als ob sie nie mehr lachen könnte, und sie hat nicht ein Gramm abgenommen. Um also diesem Gejammer zu entfliehen, gehe ich jeden Freitag gleich nach der Schule zu Roos.

An dem Tag, an dem alles anfing, kam ich früher als sonst aus der Schule. Ich bin fast den ganzen Weg zu Roos gerannt. Erst als ich in ihre Straße einbog, ging ich langsamer.

Frau Rullens oder Pullens, eine ihrer Nachbarinnen, schlenkerte mit den Armen, als ob sie den Verkehr regeln wollte. Sie trug eine gelbe Regenjacke, obwohl es trocken war.

Ich schaute nach oben. „Denken Sie, dass es regnet?", fragte ich. Ich hatte keine Jacke mitgenommen.

„Die jungen Kröten überqueren die Straße", sagte sie. „Pass auf! Vorsicht! Stopp!"

Ich drehte mich um.

Frau Rullens ging zur Straßenmitte. Der Autofahrer, der in die Straße einbiegen wollte, bremste scharf. Frau Rullens legte ihre Hand auf die Motorhaube, als ob sie so verhindern könnte, dass der Mann Gas gab. „Halt!", schrie sie.

Der Fahrer kurbelte das Fenster runter und streckte den Kopf raus. „Was machen Sie da?", schrie er zurück.

„Die jungen Kröten überqueren die Straße. Fahren Sie bitte zurück!"

Der Mann stieg aus dem Auto und in diesem Moment sah ich, ungefähr fünf Meter von mir entfernt, Hunderte, vielleicht Tausende von klitzekleinen Kröten auf der Fahrbahn. Teils springend, teils gehend bedeckten sie wie ein Teppich die Straße. Ich war zu erstaunt, um was zu sagen. So etwas hatte ich noch nie gesehen.

„So etwas habe ich noch nie gesehen", sagte der Autofahrer. „Ist das normal? Oder ist mit dem Wasser was nicht in Ordnung?"

Der Häuserzeile gegenüber war ein Deich und dahinter ein Weiher. Der Krötenteppich kam den Deich runtergekrochen.

Frau Rullens schüttelte beruhigend den Kopf.

„Es ist vollkommen natürlich", sagte sie. „Jedes Jahr kommen die jungen Kröten aus dem Wasser, um an Land erwachsen zu werden. Weil aber keiner genau weiß, wann sie kommen, werden viele Kröten überfahren. Wenn man es zufällig sieht, kann man vielleicht einige Autos aufhalten."

Es kam wieder ein Auto.

Frau Rullens fuchtelte wild mit den Armen und ging auf das Auto zu. Zum Glück war dies hier eine Einbahnstraße.

Ich wollte schnell zu Roos ins Haus gehen. Sie wohnte schon Jahre gegenüber dem Weiher, aber vielleicht hatte sie die Krötenwanderung noch nie gesehen.

Die schnellsten Kröten hatten es fast geschafft, sicher über die Straße zu kommen, aber den Gehweg noch nicht ganz erreicht.

Vor Roos' Haustür stand eine Zündapp. Ich hatte kaum Zeit zu überlegen, wem dieses Moped gehören könnte oder ob Roos vielleicht Besuch hatte, als die Haustür heftig aufgerissen wurde und zwei Jungen nach draußen stürmten. Einer von ihnen war groß und blass. Er hatte blondes, glattes Haar. Ich schätzte ihn auf fünfzehn, sechzehn Jahre. Der andere war jünger, in meinem Alter. Er war auch blond, hatte aber ein rundes Gesicht. Er kam mir irgendwie bekannt vor, aber ich wusste nicht, woher.

Sie bekamen einen Schreck, als sie mich sahen. Der Große schob mich grob beiseite, sodass ich fast stürzte. Ich wollte ihn auch schubsen, aber dann fielen mir plötzlich die Kröten ein. „Vorsicht!", schrie ich.

Der Große sprang auf das Moped, bückte sich aber dann zum Boden. Er hatte den Krötenteppich jetzt auch gesehen. Rund um das Moped wimmelte es von winzigen Tierchen.

„Steig auf!", schnauzte er den anderen Jungen an. „Warum stehst du so dumm rum?"

„Vorsicht!", schrie ich wieder. „Gleich fährst du sie kaputt, du Idiot!"

Der kleinere Junge ging plötzlich zur Straßenmitte und trampelte wie verrückt auf den jungen Kröten herum.

Ich konnte nichts tun. Ich stand da wie angewurzelt. Sogar meine Stimme versagte.

Dann rannte der Junge zum Moped und sprang auf den Rücksitz. Der Große hatte schon den Motor angelassen und raste mit Vollgas über den Krötenteppich davon. Frau Rullens rief ihnen wütend etwas hinterher.

Roos war nicht im Wohnzimmer, auch nicht in der Küche.

Sie war aber wohl dort gewesen, denn auf dem Tisch stand ein Topf mit Milch und daneben lag das Kochbuch. Es war beim Rezept für Chipolata-Pudding aufgeschlagen. Meine Mutter kocht diesen Pudding nie, denn davon wird sie dick.

„Roos?"

Wo konnte sie nur sein?

Ich zitterte. Mir war nicht klar, ob vor Schreck oder vor Wut auf diesen Vollidioten, der auf den Kröten herumgetrampelt war, als wären sie Sandkörner.

„Roos!"

Ich guckte durch das Küchenfenster, um nachzuschauen, ob sie vielleicht im Garten war, aber dort war niemand zu sehen. Ich riss die Tür zum Flur auf, stieß den Schirmständer um und rannte die Treppe hoch.

Oben in der Rumpelkammer fand ich Roos. Sie war an der Heizung festgebunden.

„Roos, Roos!" Ich weinte fast vor Angst.

Sie konnte sich kaum bewegen, zuckte nur mit dem Kopf, als ob sie etwas sagen wollte. Ihr Mund war mit einem Pflaster zugeklebt.

Ich finde es scheußlich, ein Pflaster wegzumachen. Bei Roos ein Pflaster abzuziehen war genauso scheußlich wie bei mir selbst.

Ich spürte, wie ich mit dem festgesaugten Klebestreifen kleine Haare von ihrer Haut riss.

„Ein Glück", sagte Roos. „Ich wusste, dass du bald kommen würdest."

„Was ist pass-pass-passiert?", stotterte ich. „Bist du überfallen worden? Von den beiden Jungen?"

„Binde mir zuerst die Hände los", sagte Roos. „Und sei nicht so nervös. Keine Panik, nur die Ruhe kann einen Menschen retten."

Nur die Ruhe kann einen Mensch retten. Was sollte diese Bemerkung?

Mit zitternden Fingern versuchte ich ihre Hände loszumachen. Mit viel Mühe gelang es mir.

„Schön", sagte Roos und machte selbst ihre Füße los.

Ich schaute mich um. Alle Schranktüren und Schubladen waren aufgerissen, und überall, wohin man auch blickte, lagen Sachen verstreut: Kleider, Fotos, Briefe, ein Stück Seife, Bücher. Nicht einmal in meinem Zimmer zu Hause hatte es jemals so ein Durcheinander gegeben.

Wir gingen nach unten. Vor dem Spiegel im Flur blieb Roos stehen und schaute sich an. Dann schob sie mit beiden Händen ihre Brille nach oben und rieb sich die Augen.

Ihre Augen suchten mich im Spiegel.

„Es hat keinen Wert, nervös zu sein und in Panik zu geraten, Alex. Das ändert nichts an der Situation."

Ich stellte mich hinter sie. „Aber warum erzählst du mir nicht, was passiert ist?"

Roos drehte sich um und fasste mich bei den Schultern. Sie schaute mich an. Sie hat grüne Augen wie ich.

Ihr fester Griff und der Ausdruck in ihren Augen beruhigten mich etwas, aber ich spürte noch immer ein komisches Stechen im Nacken, und ich zitterte, obwohl mir warm war.

Roos nahm meine Hand und führte mich in die Küche. Es waren nur vier Schritte, aber plötzlich wurde mir klar, dass es Jahre her war, dass jemand mich an die Hand genommen hatte. Es gab mir ein wohliges Gefühl.

In der Küche ließ sie meine Hand los. Sie schaute zum Milchtopf und zum Kochbuch. Dann schob sie mir einen Stuhl zu.

„Setz dich", sagte sie. „Ich werde jetzt zuerst den Pudding kochen."

Ich konnte es kaum fassen. „Pudding kochen!" Ich schrie so laut, dass man es bestimmt draußen hören konnte.

„Ja, Pudding kochen!" Jetzt schrie Roos auch. „Hör mir gut zu, Alex. Ich kann schon verstehen, dass du wissen möchtest, was passiert ist. Ich werde es dir auch irgendwann erzählen. Aber zuerst muss ich das Chaos in meinem Kopf in Ordnung bringen. Das ist doch wohl erlaubt."

Ich nickte.

„Du kannst mir beim Puddingkochen helfen, aber du kannst dich auch setzen."

Ich setzte mich hin.

Tausend Gedanken schwirrten mir durch den Kopf.

Ich stand wieder auf. Der Stuhl kratzte über den Küchenboden.

Ich stellte mich neben Roos und las zusammen mit ihr im Kochbuch.

„Willst du die Früchte schneiden?", fragte sie, ohne mich anzuschauen.

Ich antwortete nicht.

Roos öffnete einige Schränke und zog eine Schublade auf. Dann legte sie ein Brettchen und ein Messer vor mir auf den Tisch und stellte eine Schachtel mit dunkelroten Kirschen dazu.

Ich starrte nur vor mich hin.

„Ich brauche sie in fünf Minuten", sagte Roos.

Ich öffnete die Schachtel.

Die Kirschen klebten aneinander. Ich legte sie in einer Reihe auf das Brett. Meine Finger klebten, und als ich anfing zu schneiden, klebte das Messer auch.

„Hier", sagte Roos. Sie streute etwas Mehl auf das Brett.

Ich nahm eine Kirsche und rollte sie durch das Mehl, bis sie ganz weiß geworden war. Die Gedanken in meinem Kopf klumpten genauso zusammen wie die klebrigen Kirschen.

2.

Der Pudding musste noch fest werden und stand in einer gelben Schüssel auf der Anrichte. Ich wusch mir die Hände. Ich ließ das Wasser mit einem kräftigen Strahl in das Spülbecken spritzen. Dann drehte ich den Hahn sorgfältig zu und trocknete mir die Hände an dem blau karierten Handtuch ab, das an einem Haken hing.

Der Wasserkessel fing an wie eine jammernde Katze zu heulen. Roos drehte das Gas aus und nahm einen Teebeutel aus einer Dose. Sie knotete den Beutel an den Griff der Teekanne und goss das kochende Wasser auf.

Ich setzte mich schweigend auf einen Hocker am Tisch. Erst als wir beide einen dampfenden Becher vor uns stehen hatten, fing Roos an zu sprechen. Sie sprach langsam, mit leiser Stimme, und ihre Worte kamen nur zögernd, als ob sie zwischendurch nachdachte.

„Alex, zuerst möchte ich dich um etwas bitten."

Ich zog die Zuckerdose zu mir rüber und tat Zucker in den Tee. Ich antwortete nicht. Ich fühlte mich nicht wohl. Ich war nicht richtig wütend, aber schon etwas. Wütend und gleichzeitig ängstlich, denke ich.

„Alex, ich möchte, dass es unter uns bleibt."

Ich schaute zu ihr hoch.

„Du sollst mit niemandem darüber sprechen. Was passiert ist, ist passiert. Wir sollten versuchen, es so schnell wie möglich zu vergessen."

„Aber was ist denn genau passiert?"

Im Wohnzimmer schlug die Uhr. Ich zählte. Fünf-mal. Die Schläge hallten nach. Roos schaute mich an. „Ich bin überfallen worden, das wusstest du ja schon. Hast du die beiden Jungen noch gesehen?"

Ich nickte.

„Sie kamen durch die Küchentür. Sie wollten Geld. Ich habe gesagt, dass ich keins hätte. Da haben sie mich an der Heizung festgebunden und alles auf den Kopf gestellt."

„Haben sie etwas mitgenommen?"

Roos nahm den Teebecher mit beiden Händen und trank in kleinen Schlucken. Die Gläser ihrer Brille beschlugen.

„Ja ... sie haben etwas mitgenommen. Ich habe gesehen, dass sie es aus dem Schrank holten ... Sie haben mein Geld genommen."

Ich schluckte. In meinem Hals saß ein dicker Kloß. Roos war eigentlich immer fröhlich und vergnügt. Jetzt sah sie aber wie eine traurige, graue Maus aus.

„War es viel?", fragte ich. Ich hoffte, dass sie ‚nein‘ sagen würde.

„War es viel?", wiederholte Roos. „Ach, was für den einen viel ist, ist für den anderen wenig. Ich möchte nicht mehr darüber sprechen." Sie trank ihren Becher aus und stellte ihn geräuschvoll auf den Tisch.

Ich überlegte krampfhaft, was ich sagen sollte. Was musste man tun, wenn man bestohlen wurde?

„Du musst es bei der Polizei melden."

„Nein!" Es hörte sich so überzeugt an, dass mir klar war, dass sie keinen Widerspruch duldete.

„Ich erstatte keine Anzeige und ich sage auch deiner Mutter nichts. Ich habe es dir erzählt und das hätte ich vielleicht auch nicht tun sollen. Was würde die Polizei schon sagen? ‚Aber, liebe Frau, Sie wissen doch, dass Ihr Geld im Wäscheschrank nicht sicher aufgehoben ist. Sie sind selber schuld!‘ Und deine Mutter? Deine Mutter, Alex, würde wütend werden. Sie würde sagen: ‚Siehst du, dass du nicht mehr für dich selbst sorgen kannst? Wie eine dumme alte Frau versteckst du dein Geld zwischen den Taschentüchern.‘ Sie würde Angst haben, dass ich wieder überfallen werde, und sich alle möglichen Sorgen machen und mich im Altersheim anmelden."

Ich erschrak. Aber ich wusste, dass sie recht hatte. Letztes Jahr hatte es schon einen Riesenkrach zwischen Mama und Roos gegeben. Roos hatte Milch verkochen lassen. Zufällig war Mama an diesem Tag vorbeigekommen. Sie hatte den schwarz verbrannten Topf gesehen und gleich furchtbare Visionen von brennenden Häusern bekommen. Sie hält es für unverantwortlich, dass Roos allein wohnt, weil sie doch älter werde und endlich mal zugeben solle, dass das Alter Beschwerden mit sich bringe. Roos ist zweiundsiebzig. Das hört sich alt an. Wenn jemand zu mir sagen würde: „Meine Oma ist zweiundsiebzig", dann würde ich mir eine alte Frau mit einem krummen Rücken, mit grauen Haaren und einer Rolle Pfefferminz vorstellen.

Roos hat graue Haare, aber sie sieht überhaupt nicht alt aus. Für mich ist sie überhaupt keine alte Frau. Mir kommt es nie in den Sinn, dass sie alt ist. Die Idee, dass Mama sie in einem Altersheim unterbringen will, finde ich einfach lächerlich.

Ich nahm ihre Hand. „Ich würde auch nicht in einem Altersheim wohnen wollen", sagte ich.

Roos lächelte. „Manchen Leuten gefällt es dort sehr gut, aber für mich ist das nichts. Deine Mutter sollte das wissen." Sie starrte nach draußen und klopfte mir auf die Hand. Dann schaute sie mir in die Augen. „Wir sprechen nicht mehr darüber. Wir vergessen, dass es passiert ist. Einverstanden?"

„Aber dein Geld?", fragte ich. „Wenn die Polizei die Täter erwischen kann, bekommst du vielleicht auch dein Geld zurück."

Roos lachte abfällig. „Das Geld ist schneller ausgegeben, als die Polizei es findet." Sie stand auf und nahm eine stolze, aufrechte Haltung an. „Geld macht nicht glücklich und es wird diese beiden Knaben auch nicht glücklich machen. Willst du mir vielleicht helfen, oben wieder etwas Ordnung zu schaffen?"

Ich nickte und trank schnell den Becher aus.

„Komm", sagte Roos und nahm mich wieder bei der Hand. So stiegen wir zusammen die Treppe hinauf. Vielleicht fand sie es auch etwas unheimlich, so wie ich. Hand in Hand blieben wir auf dem Treppenabsatz stehen. Durch die offene Zimmertür sahen wir ein furchtbares Durcheinander. Die beiden hatten ein schreckliches Chaos angerichtet.

Plötzlich hörten wir unten Lärm. Eine Tür schlug zu. Ich spürte, dass Roos genauso erschrak wie ich.

Wir hörten Schritte, dann eine Stimme. „Uhu!" Es war eine Frauenstimme. Erleichtert rannte ich die Treppe runter. Roos folgte mir.

„Es ist Frau Rullens", rief ich, als ich die Frau mit der gelben Regenjacke in der Küche sah.

„Frau Rullens?", wiederholte sie. „De Beer, meinst du wohl. Ich bin Frau de Beer."

„Oh, Entschuldigung. Das habe ich nicht gewusst." Ich wurde knallrot, bis unter die Haarwurzeln.

„Guten Tag, Frau de Beer", begrüßte Roos sie. Sie schaute durch das Fenster. „Regnet es?"

„Nein", antwortete Frau de Beer. „Es ist strahlendes Wetter." Im gleichen Atemzug fragte sie mich: „Kanntest du die beiden Jungen? Was sollte dieser Zirkus? Hättest du sie nicht aufhalten können? Ich bemühe mich den Verkehr umzuleiten, um die Kröten zu retten, und sie treten verdammt noch mal die Tiere tot!" Sie machte eine Pause, um nach Luft zu schnappen.

„Was war denn los?", fragte Roos.

Ich hatte keinen Moment mehr an die Kröten gedacht.

3.

Ich habe mein Wort gehalten und zu Hause nichts von dem erzählt, was an diesem Nachmittag bei Roos passiert war. Am Anfang fiel es mir nicht schwer, den Mund zu halten. Mama ging singend durchs Haus und war wahnsinnig begeistert von einer neuen Diät, der sogenannten Karottendiät. Man würde nicht nur eine schlanke Figur bekommen, sondern auch eine schöne Hautfarbe. Wie nach einem Urlaub auf den Kanarischen Inseln.

Papa hatte große Portionen Bami und Tjap Tjoy beim Chinesen geholt. Darauf bin ich total versessen. Wir schlemmten mit großem Appetit, sogar Mama, denn mit ihrer Diät wollte sie erst am nächsten Tag anfangen. Und dann gab es noch einen spannenden Film im Fernsehen. Ich durfte ihn auch sehen, weil Freitag war.

Aber dann, als ich nach dem Film im Bett lag … Ich habe mich bestimmt hundertmal hin- und hergewälzt. Ich habe in mein Kissen geboxt und an meiner Decke gezerrt.

Immer wieder sah ich Roos vor mir, wie sie an der Heizung festgebunden war. Wenn das Mama wüsste. Sie hätte keine Sekunde mehr Ruhe.

Und Papa? Was würde er tun? Es hatte aber keinen Sinn, darüber zu grübeln. Wenn ich es ihm erzählte, würde er es sofort Mama weitersagen.

Unten im Flur klingelte das Telefon. Dann hörte ich die Stimme meiner Mutter, aber ich konnte kein Wort verstehen. Kurz darauf hörte ich Schritte auf der Treppe. Die Tür meines Zimmers wurde einen Spaltbreit geöffnet. Das Licht der Flurlampe fiel genau auf mein Gesicht. Mama machte die Tür weiter auf. „Alex?" Obwohl sie sehen konnte, dass ich wach war, flüsterte sie. „Schläfst du noch nicht?"

Ich richtete mich auf. „Nein. Was ist?"

„Ein Anruf für dich."

„Für mich?"

„Ja, ein Junge aus der Schule, denke ich. Ich habe gesagt, dass er morgen anrufen soll, aber er wollte dich unbedingt heute noch sprechen."

Ich rutschte erstaunt aus dem Bett. Ich hatte keine Ahnung, wer mich um diese Zeit noch anrufen könnte. Manche Leute haben Freunde, die zu den unmöglichsten Zeiten vor der Tür stehen oder am Telefon hängen. Aber solche Freunde habe ich nicht, falls ich überhaupt Freunde habe. Ein Junge aus der Schule, hatte Mama gesagt. Einige Namen gingen mir durch den Kopf.

Der Hörer lag auf der Telefonablage.

Ich räusperte mich. „Ja, hallo, hier Alex."

Am anderen Ende blieb es still, aber ich hörte, dass jemand dran war. Und ich hörte ein Ticken, wie wenn man aus der Telefonzelle anruft. Ich schaute mich um. Mama stand in der Tür, aber sie sagte schnell: „Mach es nicht zu lange", und verschwand ins Wohnzimmer.

„Ja, hallo … wer ist dort?", fragte ich und spürte, wie mein Herz bis zum Hals klopfte. Noch bevor ein Wort gesagt wurde, ahnte ich plötzlich, wer dran war.

„Hallo, Hühnerknochen."

Ich schluckte.

„Bist du noch dran?"

„Hühnerknochen" ist mein Spitzname. Schon seit Jahren sammle ich Knochen und Schädel von Tieren. Ich habe das komplette Skelett von zwei Katzen, von einem Kaninchen, einem Huhn und von einigen kleineren Tieren. Meine Mutter findet es ein scheußliches Hobby. In der Schule denken manche Kinder, dass ich nicht mehr alle Tassen im Schrank habe. Vor Jahren, als ich in der dritten Klasse war, hatte ich einmal das Hühnerskelett mit in die Schule genommen und einen Vortrag darüber gehalten. Nur der Lehrer fand ihn interessant. Die Kinder haben gegrinst und gekichert. Seitdem habe ich also diesen lächerlichen Spitznamen.

„Bist du noch dran?"

„Ja-a." Ich räusperte mich.

„Wohnt dort deine Oma?"

Diese Frage überfiel mich, aber ich wusste, dass ich nur mit „ja" antworten konnte.

„Hast du den Mund gehalten?"

Ich verstand nicht, was er meinte.

Er wiederholte: „Hast du das Maul gehalten?"

„Was mei-meinst du?", stammelte ich.

„Oder hast du etwa gesagt, wie ich heiße?"

„Aber wie heißt du denn?" Der Schweiß lief mir über die Hände.

Ich versuchte, mich an die Gesichter der beiden Jungen zu erinnern. Der eine war groß, der andere ein Stück kleiner. Der Kleine hatte ein rundes, ziemlich unschuldiges Babygesicht und große blaue Augen. Er war mir schon irgendwie bekannt vorgekommen, aber ich wusste in diesem Moment überhaupt nicht, wie er heißen könnte.

Der Junge schwieg eine Weile. „Hör mal", sagte er dann mit Nachdruck. „Morgen Vormittag kommst du um halb elf zum Spielplatz hinter dem Fußballplatz."

Der Spielplatz hinter dem Fußballplatz … Das war in der Nähe vom Café de Sport, wusste ich.

„Aber …", warf ich ein.

„Kein Aber. Du wirst da sein. Und pass auf, wenn du nicht deine Klappe hältst, sieht es nicht gut für dich aus."

Die Verbindung wurde unterbrochen.

Ich starrte auf den Aufkleber mit den Notfallnummern, der auf dem Telefon klebte. Allmählich drangen die Fernsehgeräusche aus dem Wohnzimmer an mein Ohr.

Und dann wusste ich es: Evert de Wolf!

Durchgefroren krabbelte ich wieder in mein Bett und zog die Decke bis an die Nasenspitze.

Evert de Wolf war früher in meiner Klasse gewesen. In der zweiten oder dritten Klasse ist er in die Beatrix-Schule übergewechselt. Wahrscheinlich war es in der dritten Klasse, denn er kannte meinen Spitznamen.

Ich boxte in mein Kopfkissen. Ich konnte es kaum fassen: Roos wurde von Evert de Wolf überfallen und beraubt. Evert de Wolf war so alt wie ich.

Ich hatte nie viel mit ihm zu tun gehabt, deswegen habe ich ihn wohl nicht sofort erkannt.

Aber er hat mich erkannt.

Plötzlich fing ich an zu verstehen, was genau los war. Ich konnte ihn bei der Polizei anzeigen. Und nicht nur das: Er wusste, dass nur ich ihn bei der Polizei anzeigen konnte.

Was konnte das für Folgen haben? Ich fühlte mich plötzlich furchtbar bedroht. Während eigentlich er sich bedroht fühlen musste.

Was wollte er von mir? Warum sollte ich morgen zum Spielplatz kommen?

Ich sah ihn wieder vor mir, wie er wie verrückt die jungen Kröten zertrampelte.

Ich zitterte.

Ich schlief kaum in dieser Nacht. Ich wälzte mich ununterbrochen hin und her und boxte in mein Kissen.

Um halb zwölf hörte ich Papa und Mama nach oben kommen. Ich horchte auf die üblichen Geräusche aus dem Badezimmer und auf die Toilettenspülung. Ich hörte sogar, wie der Wecker gestellt wurde, und Papa sagte etwas über einen Knopf vom Schlafanzug.

Dann wurde es ruhig im Haus und in meinem Bett noch unruhiger. Ich überlegte, ob ich nicht doch lieber Papa und Mama einfach erzählen sollte, was passiert war, aber ich hatte Roos versprochen, den Mund zu halten. Ich fragte mich auch, was passieren würde, wenn ich am nächsten Tag einfach zu Hause bleiben würde und Evert de Wolf im eigenen Saft schmoren ließe. Ich wusste, dass ich dazu nicht den Mut hatte.

Um ungefähr halb zwei ging ich nach unten. Ich hatte Hunger bekommen und konnte es im Bett nicht mehr aushalten. Ich ging in die Küche und knipste das Licht an. Ich machte einen Schrank auf und fand eine Packung Knäckebrot und ein Glas Schokoladencreme. Schokoladencreme mit Erdnüssen schmeckt mir besonders gut. Ich öffnete also einen anderen Schrank, um Erdnüsse zu suchen, und machte mir an der Anrichte ein Knäckebrot mit Nusspaste.

Ich schaute durch das Küchenfenster. Es war Vollmond. Ich sah einen grauen Fleck, der sich im weißen Licht bewegte. Früher dachte ich immer, dass es Mondmänner waren, die an einem langen Tisch saßen und feierten. Jetzt weiß ich, dass dieser Fleck, der sich bewegt, eine Wolke ist.

Ich rieb meinen rechten Fuß am linken Bein. Die Fliesen vom Küchenboden waren ungemütlich kalt.

Mondmänner ... wenn es diese Männer wirklich geben sollte, würden sie vielleicht jetzt nach unten schauen und zueinander sagen: „Schaut mal dort unten. Was isst denn der bloß?"

„Pfui, isst du wieder deine Nusspaste?"

Ich erschrak fast zu Tode. Meine Mutter war leise in die Küche gekommen und schaute mit gerümpfter Nase auf mein Brot.

„Ich habe Hunger", sagte ich und nahm einen Bissen.

Mama setzte sich an den Küchentisch. „Ich auch."

„Mach dir doch auch ein Brot", sagte ich mit vollem Mund und die Krümel flogen in alle Richtungen.

Mama schaute sich im Küchenfenster an und zupfte an ihren Haaren. „Im Kühlschrank liegt noch ein Hackfleischklops von gestern", sagte sie. Ich antwortete nicht, sondern biss noch mal in mein Knäckebrot.

„Aber", fuhr Mama fort und seufzte, „vielleicht sollte ich wirklich lieber ein Knäckebrot nehmen." Sie ging zur Anrichte und studierte die Packung. „Enthält 416

Kalorien pro 100 Gramm", las sie laut. Sie nahm das Messer, das ich dort hatte liegen lassen. „Möchtest du vielleicht den Klops haben, Alex?"

Ich schüttelte den Kopf.

„Konntest du auch nicht schlafen?"

„Nein."

„So."

Wir aßen schweigend.

Wenn ich es ihr doch einfach sagen könnte, dachte ich, während ich meine Mutter anschaute.

„Ist was?", fragte sie und sah mich prüfend an.

Ich schüttelte den Kopf. Eigentlich war es schon sehr lange her, dass ich mit meiner Mutter über wirklich wichtige Sachen gesprochen hatte.

Meine Mutter … ich weiß nicht. Früher habe ich immer gedacht, dass meine Mutter alles wüsste, alles könnte. Zurzeit habe ich jedoch oft das Gefühl, dass ich besser Bescheid weiß. Ihren Diättick finde ich total verrückt. Sie ist übrigens gar nicht wirklich dick, aber wenn man das zu ihr sagt, isst sie auf der Stelle ein Stück Sahnekuchen und am nächsten Tag gibt sie einem dann die Schuld, weil sie ein Kilo zugenommen hat.

Mit meinem Vater spreche ich auch selten. Er ist Vertreter und oft unterwegs. Ich vermute, dass er mehr Ahnung von seiner Arbeit hat als von mir. Oft wünsche ich mir, dass er mehr Interesse für meine Skelettsammlung hätte, aber ich will ihm nicht damit hinterherlaufen.

Ich habe Roos. Bei ihr habe ich nicht das Gefühl, dass ich klüger bin. Manchmal denke ich, ich würde auch gerne zweiundsiebzig sein, dann wüsste ich genauso viel wie sie. Es muss ein gutes Gefühl sein, so viel zu wissen. Aber es ist auch schön, sich bei einem Menschen verkriechen zu können, der so viel weiß.

„Ich geh wieder ins Bett", sagte ich und wischte mir die Krümel vom Mund.

Mama nickte. „Ich gehe auch gleich. Sei leise."

Ich schlich die Treppe hoch und kroch wieder in mein Bett. Nach einer Weile hörte ich, dass Mama nach oben kam und das Licht auf dem Treppenabsatz ausmachte. Ich schloss die Augen.

Ich hatte immer noch Hunger. Vielleicht hätte ich doch den Hackfleischklops essen sollen. Ich versuchte liegen zu bleiben, aber es gelang mir nicht: Ich musste zurück nach unten.

Im Dunkeln ging ich wieder die Treppe runter. Auch in der Küche machte ich kein Licht, der Mond verbreitete genug Helligkeit. Ich öffnete den Kühlschrank und suchte den Klops. Ich konnte ihn nicht finden. Ich schaute noch mal, schob ein Marmeladenglas zur Seite und schaute hinter die Käsedose aus Plastik. Enttäuscht machte ich den Kühlschrank wieder zu.

Erst dann entdeckte ich im Mondlicht eine leere Schüssel auf der Anrichte.

Als ich aufwachte, fühlte ich mich, als ob jemand mir mit einem Baseballschläger auf den Kopf gehauen hätte. Am Waschbecken warf ich mir mit den Händen kaltes Wasser ins Gesicht. Wenn ich krank wäre, könnte ich nachher unmöglich zum Spielplatz gehen. Evert müsste schließlich verstehen, dass ein kranker Mensch ins Bett gehörte.

Ich schaute nach draußen. Es regnete. Die Bäume bogen sich im Wind.

Ich bekam Bauchschmerzen. Wenn es um halb elf noch so stark regnete, würde Evert dann wirklich von mir erwarten, dass ich zu der Verabredung käme? Ich schaute auf die Uhr. Es war erst Viertel nach neun.

Papa hatte schon gefrühstückt und Mama frühstückte nie, also saß ich allein am Küchentisch und überlegte zum hundertsten Mal, was Evert von mir wollte.

Ich aß zwei Zwiebäcke mit bunten Streuseln und trank eine Tasse lauwarmen Tee, denn Papa hatte vergessen, die Haube über die Kanne zu stülpen.

Es war still im Haus. Papa spielt jeden Samstagvormittag Tennis. Ich hatte keine Ahnung, wo Mama sein könnte.

Ich fand es aber nicht schlimm, dass es so ruhig im Haus war. Dann konnte ich zumindest nachdenken.

Wenn mein Kopf nur nicht so leer gewesen wäre! Was wollte Evert de Wolf von mir?

Viel zu früh, es war erst gerade zehn Uhr vorbei, fuhr ich mit dem Fahrrad zum Spielplatz. Es regnete nach wie vor in Strömen. Ich hatte meine Kapuze aufgesetzt und Gummistiefel angezogen.

Ich begegnete kaum jemandem. Auf dem Wilhelminaweg standen um einen Milchwagen einige Leute, die sich zum Einkaufen durch den Regen gewagt hatten. Eine Frau trug Gummistiefel wie ich, aber dazu einen hellblauen Bademantel. Das sah sehr komisch aus. Mit ihrem vollen Einkaufskorb rannte sie ins Haus zurück.

Ich fuhr durch eine große Pfütze und zog die Füße hoch. Es kam mir verrückt vor, bei diesem Wetter zum Spielplatz zu gehen. Bestimmt war niemand dort.

Der Spielplatz sah trostlos aus. Unter den Schaukeln und bei der Rutsche gab es große Schlammpfützen. Die Spielgeräte waren vor Kurzem frisch gestrichen worden, aber sogar das sonnige Gelb des Karussells sah jetzt nicht besonders einladend aus.

Ich stellte mein Fahrrad auf dem Gehweg am Eingang ab und setzte mich auf den Gepäckträger. Ich schaute auf die Uhr. Bis fünf nach halb würde ich warten, aber keine Sekunde länger.

Der Lärm eines heranfahrenden Mopeds ließ mich zusammenzucken. Im gleichen Augenblick sah ich Evert und den aufgeschossenen Jungen vom Tag zuvor. Das Moped hielt genau vor meinen Füßen an. Beide Jungen trugen einen weißen Helm. Deshalb konnte ich nur wenig von ihren Gesichtern sehen, aber sie trugen die gleichen Jacken wie gestern, und ich erkannte Everts Babyaugen.

Nur Evert stieg ab.

Der lange Junge spuckte auf den Boden. „So", sagte er. „Und hast du dich getraut, meinen Bruder zu verpfeifen?"

Ich schaute von einem zum anderen. Der Große war also Everts Bruder.

Anscheinend dauerte es ihm zu lange, bis ich antwortete. Everts Bruder fasste mich an und schüttelte mich kräftig. „Was ist? Hast du etwa deine Zunge verschluckt?"

Ich schüttelte den Kopf. „Nein", sagte ich mit ängstlicher, piepsender Stimme. „Das habe ich nicht getan. Ich habe Evert nicht verraten."

„He", sagte Evert, „ich dachte, du wüsstest meinen Namen nicht."

Ich riss mich los. „Den wusste ich auch nicht." Ich versuchte so zu antworten, dass man mir meine Angst nicht anmerken konnte. „Erst nachdem du gestern Abend angerufen hast, ist mir dein Name eingefallen."

Der große Junge fluchte und versetzte Evert einen Stoß. „Das hast du toll gemacht", sagte er. „Da hättest du besser nicht angerufen."

„Das konnte ich nicht wissen", rief Evert. „Ich dachte, er hätte mich gleich erkannt."

Everts Bruder zog mich an meiner Jacke zu sich. Mein Fahrrad kippte um und fiel auf den Gehweg. Das Vorderrad drehte sich langsam.

„Hör gut zu", sagte der Junge. Er hatte einen üblen Mundgeruch, als ob er Paprikachips gegessen hätte. Ich wollte meinen Kopf wegdrehen, aber er hielt mein Kinn fest.

„Wenn wir durch deine Schuld die Polizei auf den Hals bekommen, wirst du etwas erleben. Hast du das verstanden?"

Ich nickte.

Es regnete immer stärker. Die Tropfen prasselten auf die weißen Helme und spritzten in alle Richtungen.

Der Junge ließ mich los. Ich rieb meine nasse Nase.

Evert stieg wieder auf den Rücksitz und fasste die Jacke seines Bruders. Das Moped heulte laut auf und schoss wie ein Blitz den Gehweg runter. Ich drehte mich um. Mein Fahrrad lag genau in einer Pfütze.

Am Spielplatzzaun, direkt neben mir, lag ein Häufchen brauner Federn. Ich stieß mit dem Gummistiefel dagegen. Es war ein toter Spatz. Der kleine Schnabel war aufgerissen und die Augen sahen wie zwei Glasperlen aus. Mit meinem Taschentuch nahm ich den Vogel und steckte ihn in meine Jackentasche.

Im Garten hinter unserem Haus gibt es eine Stelle, wo ich tote Tiere beerdige. So ist meine Skelettsammlung entstanden: Zuerst habe ich die toten Tiere begraben und später wieder ausgegraben.

Ich rückte den Fahrradlenker gerade und stieg auf.

Den Kopf tief zwischen den Schultern strampelte ich nach Hause.

4.

Damals hatte ich das Gefühl, dass ich vor Evert und seinem Bruder keine Angst zu haben brauchte. Ich hatte nicht vor, sie zu verraten. Warum sollte ich es riskieren, dass sie mich zusammenschlugen? Roos hatte den Diebstahl nicht angezeigt. Wenn ich die beiden verriet, müsste auch sie bei der Polizei aufkreuzen, und dafür würde sie mir nicht besonders dankbar sein.

Ich bin an diesem Samstag doch noch zu ihr gegangen. Aber ich erzählte ihr nicht, was passiert war. Ich wollte nur nachsehen, wie es ihr ging und ob sie sich von dem Schreck erholt hatte. Ich konnte aber nichts Besonderes feststellen. Nur die Küchentür hatte sie abgeschlossen, deshalb konnte ich nicht wie immer einfach ins Haus gehen.

Sie hatte die wunderschöne Gräte einer Scholle für mich aufgehoben und fragte, ob ich sie für meine Sammlung haben wolle. Komischerweise hatte ich noch nie daran gedacht, dass eine Fischgräte auch ein Skelett ist. Natürlich wollte ich sie haben. Ich habe sie gleich am Nachmittag ausgekocht.

Manchmal denke ich, dass Roos die Einzige ist, die sich richtig für meine Skelettsammlung interessiert. Sie ekelt sich auch nicht davor wie meine Mutter. Ein Skelett ist ein so wichtiger Teil unseres Körpers. Ohne Skelett wären wir wie ein Zelt ohne Stangen.

Am Nachmittag gab es einen Streit zwischen meiner Mutter und mir. Es fing schon an, als ich die Gräte auskochen wollte. Mama war nicht damit einverstanden und rief auf der Stelle bei Roos an, um sich zu beschweren. Roos war nicht zu Hause. Es wurde zumindest nicht abgenommen. Deswegen schimpfte Mama mit mir: Oma solle doch vernünftiger sein, und ich sei verrückt und so weiter. Es ging bei mir zum einen Ohr rein und zum anderen wieder raus. Man muss Mama immer zuerst die Möglichkeit geben, sich auszutoben. Besonders, wenn sie gerade eine neue Diät angefangen hat, denn wenn sie vom Hunger gequält wird, ist sie nicht zu ertragen.

Ich sagte zu allem Ja und Amen, und als ich ihr Gezeter leid war, nahm ich die Büchse mit Pfefferkuchen aus dem Schrank und schnitt mir eine dicke Scheibe ab.

Ich glaube, dass meine Mutter diesen Anblick nicht ertragen konnte, denn sie ist aus der Küche gegangen.

Und was danach passierte, ist wirklich unmöglich: Sie sah im Flur meine nasse Jacke an der Garderobe und nahm sie runter zum Trocknen. Ich war noch nicht dazu gekommen, den toten Vogel zu begraben, da es noch immer regnete. Aber wenn ich ehrlich bin, hatte ich vergessen, dass er in meiner Tasche war.

Ich aß in aller Ruhe meinen Pfefferkuchen, als Mama wütend zurück in die Küche kam. Sie hielt das Taschentuch mit dem toten Vogel zwischen Daumen und Zeigefinger.

Innerhalb kürzester Zeit war ich genauso wütend wie sie. Schließlich darf ich einige Sachen von meinen Eltern auch nicht anfassen. Das Videogerät zum Beispiel oder Papas Kamera. Ich bin ein gehorsames Kind und lass also meine Pfoten davon. Aber Eltern meinen, dass sie das Recht haben, alle Sachen ihrer Kinder anzufassen. Meine Eltern jedenfalls.

Ich riss ihr das Taschentuch mit dem Vogel aus den Fingern. Am liebsten wäre ich gleich nach draußen gegangen, meine Mutter wäre mir sowieso nicht in den matschigen Garten gefolgt, aber der Topf mit der Fischgräte stand noch auf dem Herd. Ich befürchtete, dass Mama in ihrer Wut alles in den Mülleimer kippen würde.

Gerade in diesem Moment klingelte es, ein glücklicher Zufall, und Frau Verbruggen stand vor der Tür. Sie ist eine von Mamas sogenannten „zu dicken Freundinnen".

Frau Verbruggen kam weinend rein. Ihr Mantel war von oben bis unten mit Schlamm bespritzt und über ihre Beine liefen weiße Streifen, da ihre Strumpfhose an vielen Stellen Laufmaschen hatte.

Ich kann es kaum ertragen, wenn Erwachsene weinen. Ich weiß dann nicht richtig, wie ich mich verhalten soll. Aber meine Neugier war stärker und ich glotzte Frau Verbruggen ununterbrochen an, als sie in der Küchentür stand.

Mama führte sie zu einem Stuhl. „Setz dich, setz dich doch."

„Meine Tasche!" Frau Verbruggen schrie und jammerte gleichzeitig.

„Was ist mit deiner Tasche? Wo ist sie denn?", fragte Mama und schaute sich suchend um.

„Gestohlen!", rief Frau Verbruggen aufgebracht. „Ein Junge auf einem Fahrrad hat sie mir aus der Hand gerissen."

„Beruhige dich doch!" Mama sprach ziemlich laut. „Zieh zuerst mal deinen Mantel aus, dann mache ich dir eine Tasse Kaffee."

Wie ein kleines Kind ließ Frau Verbruggen sich aus dem Mantel helfen. Mama schüttelte den Kopf, als sie ihn näher betrachtete.

„Wann ist es passiert?", fragte ich.

„Gerade", antwortete Frau Verbruggen, während sie ein geblümtes Taschentuch hervorholte und trompetend ihre Nase putzte. „Vor fünf Minuten, gleich um die Ecke, in der Akeleistraße."

Mama schlug die Hände zusammen. „Es ist ja furchtbar, dass solche Sachen auch schon hier bei uns in der Nähe passieren. Und sogar tagsüber."

„Da hast du recht", sagte Frau Verbruggen und schaute sich ihre aufgeschürften Knie an.

„Soll ich Jod holen?", fragte ich, aber Mama sagte, dass sie sich gleich darum kümmern würde. Eingeschnappt hielt ich den Mund, obwohl mir haufenweise Fragen auf der Zunge lagen.

Zum Glück erzählte Frau Verbruggen von sich aus, was alles in ihrer Tasche gewesen war: „Mein Geldbeutel mit zweihundert Euro. Zweihundert Euro! Und meine Scheckkarte und meine Schecks. Und ... dummerweise meine Urlaubsbilder, weißt du, von Österreich."

Mama hatte inzwischen Kaffee eingeschenkt. Sie holte den Verbandskasten hervor.

Ich hatte mich auf die Anrichte gesetzt, neben den Herd und den Topf mit meiner Fischgräte.

„Oooh!", schrie Frau Verbruggen auf. „Und der Ring, den ich von meiner Mutter bekommen habe, war auch drin. Das ist noch schlimmer als die zweihundert Euro. Das ist furchtbar. Hörst du, Henriet?"

Meine Mutter nickte teilnahmsvoll. „Du musst den Diebstahl sofort melden", sagte sie. „Soll ich mitkommen? Ich kann dich mit dem Auto fahren."

Plötzlich fiel mir Evert ein. Und sein Bruder.

„Wissen Sie, wie der Junge aussah?", fragte ich höflich.

„Herrje." Frau Verbruggen überlegte. „Das weiß ich nicht genau. Es ging alles so schnell und er kam von hinten."

„War er groß?" Ich ließ nicht locker. „Oder vielleicht klein? Hatte er blondes Haar?"

Frau Verbruggen starrte vor sich hin. „Es ist möglich, dass er blond war. Ich weiß es nicht. Ich weiß nur, dass er dunkle Kleidung trug."

„Eine schwarze Jacke?"

„Ja, das könnte stimmen … Oder dunkelgrün."

„Alex, du benimmst dich wie ein Polizist. Hör auf damit", sagte Mama und an ihrer Stimme konnte ich hören, dass sie noch immer böse auf mich war. „Geh aus der Küche! Ich wette, dass du in deinem Zimmer noch einiges aufzuräumen hast."

Ich wollte antworten, aber Mama fuhr fort: „Verschwinde jetzt! Ich schau mir das kaputte Knie an und dann fahre ich mit Frau Verbruggen zur Polizei."

Ich drehte den Herd aus, nahm zwei Topflappen und schüttete das kochende Wasser aus dem Topf. Ich spülte die Fischgräte unter kaltem Wasser und schüttelte die Tropfen ab. Ohne etwas zu sagen, ging ich in mein Zimmer.

5.

Wenn ich zurückblicke, habe ich an diesem Samstag zum ersten Mal den Fehler begangen, zu verschweigen, was passiert war. Ich war bei Roos um nachzusehen, wie es ihr ging, aber ich habe ihr nichts von meinem Treffen mit Evert und seinem Bruder erzählt. Warum habe ich es ihr eigentlich nicht gesagt? Zu diesem Zeitpunkt hatte ich noch nichts Schlimmes getan. Ich musste mich für nichts schämen. Und Roos hätte bestimmt etwas Vernünftiges gesagt oder getan, um zu vermeiden, dass noch schlimmere Sachen passierten. Was hat mich zurückgehalten? Wollte ich Roos nicht beunruhigen? War es, weil Roos sich schämte, ihr gespartes Geld im Wäscheschrank aufbewahrt zu haben? Wollte ich sie schonen?

Ich weiß es nicht. Aber es zu verschweigen, war der blödeste Fehler, den ich machen konnte.

Während der darauffolgenden Tage hörte ich nichts von Evert und seinem Bruder. Ich ging zur Schule, und wenn keine Schule war, saß ich meistens in meinem

Zimmer mit einem Buch aus der Bücherei. Ich lieh mir fast alle Bücher über Dinosaurier und Fossilien aus. In dieser Woche hatte ich zum ersten Mal ein Buch über das All ausgeliehen und erfuhr vieles über Neptun und Pluto, über Kometen und die Milchstraße. Das ist für meine Geschichte nicht weiter wichtig, aber ich erwähne es trotzdem, um zu zeigen, wie einfach mein Leben damals noch war. Nachts saß ich oft am Fenster und betrachtete mit Papas altem Fernrohr den Sternenhimmel.

Wäre mein Leben nur so einfach wie damals geblieben.

Am Donnerstag, dem ersten Donnerstag nach dem bewussten Samstag, sah ich Everts Bruder wieder. Es war am Nachmittag. Wir hatten Pause und ich unterhielt mich auf dem Schulhof mit Evelien. Evelien ist in meiner Klasse. Vor einigen Wochen hatte sie einen Vortrag über Sterne und das All gehalten. Sie wusste viel darüber und hatte auch ein richtiges Teleskop mitgebracht.

Wir waren so ins Gespräch vertieft, dass ich überhaupt nicht mitbekam, was sich am Schultor abspielte. Erst als sich dort immer mehr Kinder versammelten, sah ich, dass Everts Bruder vor dem Tor angeberisch auf seinem Moped herumkurvte. Wie im Zirkus fuhr er Achten, balancierte auf den Pedalen, gab seinem Lenker einen Ruck, damit das Vorderrad sich vom

Boden abhob und er für kurze Zeit nur auf dem Hinterrad fuhr.

Die Kinder am Schultor johlten und klatschten.

Evelien und ich stellten uns dazu. Evelien rümpfte die Nase. „So ein Angeber", sagte sie.

Ich antwortete nicht. Ich fand es eigentlich ganz toll, was der Junge da machte.

Frau Wiedemaas hatte Pausenaufsicht und kam mit einem Kaffeebecher in der Hand auf uns zu. „Was soll das?", rief sie, als sie näher kam. „Habt ihr nichts Besseres zu tun, als dort herumzustehen?"

Die meisten Kinder hörten auf sie, besonders nachdem der Junge auf ein Zeichen von Frau Wiedemaas hin eine letzte Runde drehte und dann gehorsam wegfuhr.

„Kennst du diesen Jungen?", fragte ich Evelien.

Sie nickte. „Das ist Lucas de Wolf. Er wohnt in unserer Straße. Dieser doofe Wichtigtuer ärgert immer meine Schwester."

Lucas de Wolf ... Jetzt wusste ich auch seinen Namen.

Evelien ging zu ihren Freundinnen, aber ich blieb in der Nähe vom Tor. Irgendwie hatte ich das Gefühl, dass es kein Zufall war, dass der Junge bei meiner Schule auftauchte.

Und tatsächlich, nach einigen Minuten kam er wieder zurück. Er sah mich und hielt an. Er winkte mich zu sich. Ich schaute über meine Schulter. Frau Wiedemaas beugte sich gerade über ein Kind, das offenbar hingefallen war.

Zögernd ging ich auf Lucas zu.

„Heute Abend", sagte er. „Sieben Uhr. Am Brunnen im Einkaufszentrum. Sieh zu, dass du da bist."

Er schnitt eine Fratze, wie ich es schon früher bei ihm gesehen hatte. Ich trat einen Schritt zurück.

Gleich darauf fuhr Lucas weg.

Ich hörte Frau Wiedemaas rufen und drehte mich um. Wieder versammelte sich eine Gruppe von Kindern am Schultor.

„Alex van Schendel!" Ich sah Frau Wiedemaas an, dass sie böse war, und rannte zurück auf den Schulhof.

Sie kam auf mich zu. „Hab ich dir etwa erlaubt, den Schulhof zu verlassen?", fragte sie streng.

Ich schüttelte den Kopf.

„Also", sagte sie. „Tu das nicht wieder."

Ich starrte auf ihre Schuhe. Das Herz klopfte mir bis zum Hals.

An diesem Abend hatte ich um Viertel nach sieben Flötenunterricht. Ich hatte zwar keine Ahnung, was Lucas von mir wollte, war aber natürlich blöd genug zu denken, dass es nicht so lange dauern würde und ich rechtzeitig in der Musikschule sein könnte. Die Musikschule ist außerdem in der Nähe vom Brunnen.

Punkt sieben war ich am Treffpunkt. Ich war nicht mal besonders aufgeregt. Den ganzen Nachmittag hatte ich darüber gegrübelt, was Lucas mir sagen wollte, aber mir fiel nichts ein. Ich hatte ihn nicht verraten, was sollte ich also befürchten? Roos sagt immer, der Mensch leidet am meisten unter den Sachen, die er befürchtet.

Der Brunnen stand mitten auf dem Marktplatz. Drei steinerne Fische spritzen das Wasser nach oben. Ich setzte mich auf den Brunnenrand. Winzige Tropfen spritzten in meinen Nacken. Lucas und Evert hatten anscheinend auf mich gewartet. Ich sah sie aus der Nische beim Juwelier kommen und stand auf.

„So … Hühnerknochen ist absolut pünktlich", sagte Evert und boxte mich gleich in den Magen.

Ich zuckte zusammen und schnappte nach Luft. „Warum machst du das?", japste ich.

Evert und Lucas schauten sich an und lachten. Lucas fasste mich an der Schulter. „Setz dich mal ruhig hin, Kleiner."

Ich setzte mich wieder auf den Brunnenrand. Von Hunden sagt man manchmal, dass sie Gefahr riechen können. Ich roch nichts, aber ich spürte es.

Evert und Lucas setzten sich auch hin. Einer links, der andere rechts von mir. Sie saßen so nah neben mir, dass ich buchstäblich in der Klemme saß. Ich nahm meinen ganzen Mut zusammen und fragte: „Was wollt

44

ihr von mir? Ich hab's eilig, denn ich habe gleich Musik-
unterricht."

„Ach Gottchen", sagte Lucas, „der Kleine muss in die
Musikschule. Was spielst du denn? Bestimmt Geige. So
siehst du aus, wie ein Scheißkerlchen, das Geige spielt."

„Ich denke, dass er Dudelsack spielt!", rief Evert. Er
kringelte sich vor Lachen.

Meine Handknöchel waren weiß, weil ich krampfhaft meine Tasche umklammerte.

Lucas sah es. „Ich denke, dass die Geige in der Tasche
ist", sagte er. Ich hielt die Tasche gut fest, aber Lucas
riss sie mir mühelos aus den Händen. Er öffnete sie und
holte die Flöte raus. „Ach, schau mal … das ist aber
eine komische Geige." Er legte die Flöte auf seine
Schulter und tat, als ob er einen Bogen hielt.

Er und Evert prusteten vor Lachen. Ich war wie ver-
steinert. Lucas öffnete die Tasche wieder und holte
mein Notenbuch raus.

„Ooh", sagte er übertrieben. „Du bist ja richtig
begabt. Schau mal, Evert, er kann Noten lesen."

„Was ist daran so toll?", fragte Evert. „Gib mal her."
Er riss das Notenbuch aus Lucas' Händen und warf es
im hohen Bogen in den Brunnen.

„Mein Buch!", schrie ich. Ich sprang auf, aber Evert
und Lucas hielten mich fest.

„Setz dich", zischte Lucas.

„Mein Buch", quietschte ich.

„Halt's Maul und hör zu", sagte Lucas. Er schubste mich gegen den Brunnenrand. „Wir werden uns jetzt gemütlich unterhalten."

Ich drehte mich um und sah mein Buch auf dem Brunnenboden. „Aber ich muss in die Musikschule", brachte ich noch raus.

„Die Musikstunde kannst du vergessen", sagte Lucas. „Heute Abend hast du was anderes zu tun. Erstens: Erzähl mal, ob du brav den Mund gehalten hast."

Evert drückte mir die Flöte gegen die Brust, Lucas hielt meine Hände fest.

„Bitte nicht", sagte ich. Ich merkte sofort, wie furchtbar kläglich es sich anhörte. „Ich habe diese Flöte erst seit einem Monat. Pass auf, dass sie nicht kaputtgeht. Du tust mir weh."

Evert schlug leise mit der Flöte auf den Brunnenrand.

„Du hast mir noch nicht geantwortet", sagte Lucas. „Hast du deiner alten Oma etwas erzählt?"

Ich schüttelte schnell den Kopf.

„Hast du mit sonst jemandem darüber gesprochen?"

Wieder schüttelte ich den Kopf. „Nein, wirklich nicht. Warum lasst ihr mich nicht in Ruhe? Ich verrate euch nicht."

Lucas nickte zustimmend: „Eins muss ich dir lassen: Du bist zwar ein Schlappschwanz, aber du kannst gut den Mund halten. Ich glaube, dass du nicht lügst."

Evert schlug jetzt fester mit der Flöte auf den Brunnen. Es hörte sich an wie ein tropfender Wasserhahn.

„Mein Vater wird wütend, wenn etwas mit meiner Flöte passiert", brachte ich mit Mühe raus.

Lucas ließ mich los. „Hör auf", sagte er zu Evert. „Gib her." Er nahm seinem Bruder die Flöte weg und schlenkerte sie vor meinen Augen hin und her. „Es passiert überhaupt nichts mit dieser Flöte, falls du brav bist und tust, was wir sagen."

„Genau", sagte Evert. Er beugte sich zu mir rüber und rülpste in mein Ohr.

Lucas lachte. „Heute Abend sollst du ein … sagen wir … einen Auftrag für uns erledigen. Und wenn du das gemacht hast … ja, dann geben wir dir deine Flöte wieder zurück, wie es sich gehört. Das ist doch fair."

Ich verstand überhaupt nicht, was daran fair sein sollte, aber ich wollte verhindern, dass dieser Idiot meine Flöte auch ins Wasser werfen würde. Deshalb fragte ich: „Was soll ich tun?"

Lucas zog seine Augen zu Schlitzen zusammen. „Du bist richtig vernünftig", sagte er. „Mit dir kann man reden. Sehr schön. Du möchtest wohl nicht, dass dein Papi böse wird, wenn etwas mit deiner Flöte passiert, stimmt's?"

Evert sah mich spöttisch an.

Ich schaute mich um. Es waren keine Menschen in der Nähe. Die Geschäfte hatten schon zu und obwohl

47

es bereits Juni war, ging ein kräftiger, kalter Wind. Kein Wetter für einen Spaziergang. Es war also niemand unterwegs, der mir helfen konnte.

„Wir brauchen Geld", sagte Lucas. „Und du sorgst dafür, dass wir welches bekommen."

„Ich habe kein Geld", antwortete ich sofort.

„Du hörst nicht richtig zu", schnauzte Lucas. „Ich hab gesagt, du sorgst dafür, dass wir es bekommen. Wir suchen gleich eine alte Frau. Das Einzige, was du tun musst, ist, ihr die Handtasche wegzunehmen. Das ist doch einfach, nicht wahr? Du gibst uns das Geld und dann bekommst du deine Flöte zurück."

„Das ist doch nicht dein Ernst", brachte ich raus.

„Natürlich meine ich das ernst", sagte Lucas.

Und ich wusste, dass es stimmte.

Sie zwangen mich mit ihnen in die Hauptstraße zu gehen. Die Straße hat mehrere Seitenstraßen und auf die hatten Evert und Lucas es abgesehen. In der Hauptstraße lauerten sie ihrem Opfer auf. Es sollte eine ältere Frau mit Handtasche sein, die in eine der ruhigen Seitenstraßen einbog.

Ich zitterte am ganzen Körper. Plötzlich sah ich eine Frau, wie Lucas und Evert sie suchten, klein und grau. Sie humpelte etwas beim Gehen, als ob ihr die Füße wehtäten. In der rechten Hand trug sie eine braune Tasche. Sie schlenkerte sie bei jedem Schritt hin und her. Jemanden berauben … Ich wusste, dass ich das nicht fertigbringen würde. Ich presste die Lippen zusammen.

Lucas und Evert hatten sie aber auch gesehen. „Die da! Die da!", sagte Evert und stupste seinen Bruder in die Seite.

„Sei still!", sagte Lucas. „Komm mit."

Zwischen Evert und Lucas ging ich hinter der Frau her. Ich hatte das Gefühl, mich erbrechen zu müssen.

Dann bog die Frau tatsächlich in eine Seitenstraße ein. Lucas fasste mich am Kragen. „So … ich wiederhole, hör gut zu, du Schlappschwanz: Du rennst an ihr vorbei und reißt die Tasche aus ihrer Hand. Kapiert? Kapiert?"

Ich nickte.

„Und wenn du die Tasche hast, rennst du sofort zum Marktplatz zurück und wartest auf uns in der Nische beim Juwelier."

„Und die Tasche bleibt zu", fügte Evert hinzu.

„Das ist wohl klar", sagte Lucas. Er stupste mich in den Rücken. „Geh."

Zunächst kam es mir vor, als ob ich meine Beine nicht bewegen könnte, aber dann rannte ich. Ich rannte und rannte. An der alten Frau vorbei und links, rechts, links, rechts, durch Seitenstraßen und Gassen.

Ich war vielleicht ein Schlappschwanz, aber rennen konnte ich zufällig ganz gut.

Als ich nach Hause kam, saßen Papa und Mama vor dem Fernseher. Papa hatte ein Buch auf dem Schoß und Mama ein furchtbar rosafarbenes Strickzeug. Ich konnte nur hoffen, dass es nicht für mich gedacht war.

Ich schaute auf die Uhr und stellte zu meiner Beruhigung fest, dass es nicht früher oder später war als sonst, wenn ich aus der Musikschule nach Hause komme.

„Hallo", sagten Papa und Mama gleichzeitig.

Ich nickte. Mein Herz klopfte so wild, als ob es aus meinem Körper herauswollte.

„Wie war es?", fragte Mama, während sie zum Fernseher schaute und fleißig weiterstrickte. Sie merkte gar nicht, dass ich nicht antwortete.

Eigentlich wollte ich nur eins: in mein Zimmer gehen, um alleine zu sein.

Mama schaute auf. „Ist was?" Mütter denken immer, dass etwas ist. „Du siehst so verschwitzt aus."

„Ich bin gerannt."

„Nimmst du dir selbst etwas zu trinken?"

Im Flur klingelte das Telefon.

„Nimmst du ab?", fragte Mama.

Ich nahm den Hörer ab. „Ja, hallo, hier Alex van Schendel."

Auf der anderen Seite wurde geflucht. Es war Lucas! „Weichei! Ich habe noch nie so einen Hosenscheißer wie dich gesehen. Wir mögen solche Späße nicht, Kleiner."

Ich schluckte und schwieg.

„Und es macht dir auch bestimmt nichts aus, demnächst ohne Flöte in die Musikschule zu gehen?"

Ich antwortete immer noch nicht.

„Was ist? Willst du wohl mit mir reden oder soll ich die Flöte gleich kaputt machen? Ich nehme an, dass dein Vater mächtig ausrastet, wenn er erfährt, dass deine schöne, neue, kleine Flöte verschwunden ist, oder?"

Ich blickte über die Schulter, um zu sehen, ob jemand mir gefolgt war. Ausrasten? Nein, das würde Papa nicht tun. Aber er wäre wütend, wenn er erfahren würde, dass ich mir meine Flöte hab wegnehmen lassen. Papa hat schon oft gesagt, dass ich mich wehren soll. „Wenn du geschlagen wirst, musst du zurückschlagen", sagt er immer. „Du brauchst dich nicht bei deiner Mutter oder mir auszuheulen. Du bist ein gesunder, kräftiger Junge, du musst lernen dich zu wehren."

„He, bist du noch dran oder red ich gegen die Wand?", schrie Lucas.

Ich hielt den Hörer vom Ohr weg. „Ich … ich … bin noch dran."

„Schön! Also, du brauchst nur zu antworten: Willst du deine blöde Flöte zurückhaben?"

Ich nickte. „Ja … ja!", antwortete ich schnell.

„Du kannst sie uns abkaufen. Fünf mal einen Zehneuroschein und sie gehört wieder dir."

„Aber …", warf ich ein.

„Du hast es gehört: Fünf Zehneuroscheine, sonst macht es krrrack. Morgen Abend, sieben Uhr, am Brunnen auf dem Marktplatz. Und … hör gut zu …, Hosenscheißer, wenn du dich bei Papi oder Mami verplapperst, sieht es nicht nur schlecht, sondern sehr schlecht für dich aus."

Die Verbindung wurde unterbrochen.

Plötzlich stand Mama hinter mir. Ich erschrak.

„Wer war das?", fragte sie.

Ich zuckte mit den Schultern. „Jemand aus der Schule", murmelte ich. Ich schaute auf den Boden, denn ich hatte das Gefühl, dass Mama es meinen Augen ansehen könnte, wie sehr meine Knie zitterten.

Ich sollte also für fünfzig Euro meine Flöte zurückkaufen. Aber ich war sicher, dass ich nicht genug Geld hatte. Ich hatte noch dreißig Euro von meinem Geburtstag vor zwei Monaten. Ich sparte sie für ein Buch über das All. Ich hatte gehofft, in zwei Monaten genug Geld zusammenzuhaben. Das ging also nicht auf.

Ich holte die drei Scheine aus der Zigarrenkiste, in der ich mein Geld aufbewahre, und blieb eine Weile mit den Scheinen in der Hand stehen. Ich hatte mich so auf das Buch gefreut. Warum hatte ich nicht einfach die Flöte genommen? Hatte ich so viel Angst, verprügelt zu werden? Lange brauchte ich nicht über diese Frage nachzudenken.

Lucas nannte mich einen Hosenscheißer. Das bin ich auch. Ich kann nicht kämpfen. Ich habe Angst vor Schmerzen. Und ich schaffe es auch nicht, anderen wehzutun. Wenn man mich schlägt, zucke ich zusammen. Manchmal würde ich schon gerne zurückschlagen, aber ich kann es einfach nicht. Nur ein leichter Klaps, das ist alles, wozu ich fähig bin.

Meine Mutter sagt: „Du sollst nicht kämpfen, du sollst reden." Aber dann antwortet mein Vater immer, dass es für unser Land schlecht aussehen würde, wenn nur solche Schlappohren wie ich herumlaufen würden. Man muss sich verteidigen können, meint Papa.

Wieso verteidigen? Wenn es Krieg gibt, und ich müsste kämpfen … Ich würde lieber selbst umgebracht werden, als jemanden umbringen zu müssen.

Ich steckte die drei Scheine in meine Hosentasche. Ich besaß auch noch ein Sparschwein, aber erwartete nicht, dass viel drin sein würde. Ich nahm es aus dem Regal und schüttelte es. Dann nahm ich mein Taschenmesser, steckte es durch den Schlitz und holte noch drei Euro fünfundsiebzig hervor. Jetzt hatte ich dreiunddreißig Euro und fünfundsiebzig Cent.

Ich hoffte, dass Lucas damit zufrieden sein würde.

„Alex! Es ist schon halb zehn!", rief Mama unten an der Treppe. „Licht aus und schlafen!"

Ich steckte das Kleingeld zu den Scheinen in meine Hosentasche und stellte das Schwein wieder ins Regal.

Langsam zog ich mich aus. Waschen und Zähneputzen ließ ich ausfallen. Ich ging zu dem Schrank, in dem ich meine Skelette aufhob. Die Fischgräte von Roos hatte ich auf ein schwarzes Papier geklebt. Es sah toll aus. Mit weißer Tinte hatte ich „Scholle" darunter geschrieben und das Datum, an dem ich sie bekommen hatte.

Ich ging zum Fenster und sah mir die Sterne an. Ich entdeckte den Großen Bären. Ich nahm Papas altes Fernglas, obwohl ich wusste, dass das nichts taugte, wenn man den Sternenhimmel betrachten wollte.

Ich machte das Licht in meinem Zimmer aus und schaute durch das Fernglas zu den Nachbarn auf der anderen Straßenseite rüber. Sie saßen auf dem Sofa vor dem Fernseher. Die Nachbarin war hochschwanger. Auf ihrem dicken Bauch stand eine Schüssel mit Erdnüssen oder Chips. Abwechselnd steckten der Mann und die Frau eine Hand in die Schüssel und anschließend in den Mund. Ich konnte nicht sehen, was im Fernsehen lief.

Dann schaute ich rüber zu den Nachbarn daneben. Ich konnte nur die Frau sehen. Sie strickte, welch ein Zufall, genau so einen grauenhaften Pulli wie meine Mutter. Zuckerstangenrosa kam demnächst sicher groß in Mode.

Ich stellte das Fernglas auf die Fensterbank. Im Dunkeln suchte ich mein Bett.

Was würde passieren, wenn Lucas und Evert sich mit dreiunddreißig Euro und fünfundsiebzig Cent nicht zufriedengäben?

Roos hatte mir mal Bauchatmung zum Entspannen beigebracht. Ich legte mich auf den Rücken und schloss die Augen. Ich atmete ein und aus, ein und aus.

Und ich schlief ein.

6.

Am Tag darauf war also wieder Freitag und ich ging wie immer zu Roos.

Morgens vor der Schule hatte ich einen Umweg am Brunnen vorbei gemacht. Mein Notenbuch lag auf dem Boden. Es gelang mir, das Buch rauszuangeln, aber meine Haare wurden nass, denn einer der drei Fische spritzte genau auf meinen Kopf. Zum Glück war es nicht kalt.

Ich steckte das Buch in die Plastiktüte, die ich zu diesem Zweck mitgenommen hatte. In der Schule hängte ich sie an den Kleiderhaken und später nahm ich sie mit zu Roos.

Als ich in ihre Straße kam, fiel mir wieder ein, dass genau vor einer Woche Frau de Beer dort den Verkehr aufgehalten hatte, um die jungen Kröten zu retten. Ich kletterte auf den Deich und schaute mir den Weiher an. Es war nichts Besonderes zu sehen.

Es war auch eine Woche her, dass Roos überfallen worden war. Plötzlich wollte ich so schnell wie möglich zu ihr. Ich rannte den Deich runter zu ihrem Haus und ging durch den Garten. Sie saß draußen auf der grün gestrichenen Bank und schälte Mohrrüben. Sie lachte, als sie mich sah. „Alles in Ordnung?", fragte sie. Das fragte sie fast immer. Und nicht so, dass man ohne nachzudenken „ja" antwortete, sondern es war ehrlich gemeint. So, dass man auch „nein" antworten konnte.

Ich dachte an Lucas und Evert und an die dreiunddreißig Euro fünfundsiebzig Cent in meiner Hosentasche und sagte: „Es könnte besser sein."

Roos schaute kurz von den Mohrrüben zu mir auf und schälte dann wieder weiter. Sie fragte nichts. Das ist der große Unterschied zwischen Mama und Roos: Mama fragt immer und eben deshalb sage ich nichts. Nicht, dass ich Roos alles erzähle, überhaupt nicht, aber wenn ich etwas erzählen möchte, sage ich es ihr.

Wir schwiegen eine Weile. Ich schaute auf Roos' Finger. Sie waren braun und runzlig vom Mohrrübenschälen.

Als sie die letzte Rübe in den Topf geworfen hatte, öffnete ich die Plastiktüte und holte das Notenbuch heraus. „Schau mal!", sagte ich.

Roos schaute auf das Notenbuch, dann zu mir. Sie stand auf.

„Ich wasche mir schnell die Hände", sagte sie. Sie nahm den Topf und ging in die Küche. Ich folgte ihr.

Sie wusch sich die Hände und nahm das nasse Buch. Sie fragte nichts.

„Das sieht nicht gut aus", sagte sie. „Ich hoffe, dass wir es wieder in Ordnung bringen können." Sie nahm ein Geschirrtuch und tupfte die Notenblätter vorsichtig ab. „Weißt du, was ich denke?", sagte sie. „Ich sollte versuchen, die Seiten getrennt zu trocknen."

Ich nickte, obwohl ich nicht richtig verstand, was sie meinte.

Mit einem Brieföffner bog sie die Heftklammern auseinander und nahm die Seiten einzeln raus. Sie schaute sich um. Die Sonne schien durch das Küchenfenster. Sie räumte die Fensterbank leer und breitete die Notenbuchseiten darauf aus.

Sie lächelte mir zu. „Vielleicht klappt es."

Während sie Teewasser aufsetzte und einen Teebeutel in die Kanne hängte, holte ich Becher aus dem Schrank. Ich machte die Keksdose auf, um zu schauen, was drin war.

„Ich habe mal einen Film gesehen", sagte ich, „über jemanden, der in seinem Keller Falschgeld machte. Der Mann hängte die nassen Scheine an die Wäscheleine."

Roos goss das kochende Wasser in die Kanne. Die Gläser ihrer Brille beschlugen. „Geldscheine sind kleiner", antwortete sie, „und Druckerfarbe ist nicht so schwer wie Wasser."

Wir tranken unseren Tee draußen. Wir trugen zwar beide einen Pulli, hatten aber doch das Gefühl, dass jetzt endlich der Sommer kam.

Als ich meinen zweiten Keks gegessen hatte, sagte Roos plötzlich: „Alex, in letzter Zeit schließe ich die Hintertür immer ab. Du solltest demnächst besser an der Haustür klingeln. Außer natürlich, wenn du mich im Garten siehst."

Ich schaute Roos von der Seite an. Sie biss sich auf die Unterlippe.

„Ist es, weil …?", fing ich zögernd an.

Sie nickte. „Ich möchte verhindern, dass so etwas noch einmal passiert."

„Bist du …?", fragte ich, aber Roos unterbrach mich.

„Lieber Alex, wir hatten ausgemacht, nicht mehr darüber zu sprechen."

Sie nahm die Teekanne und schenkte Tee ein. Eine große Blase schwamm auf meinem Becher, sie drehte sich im Kreis und platzte dann auseinander. Der heiße Tee dampfte.

Ich schämte mich. Roos ließ mich auch in Ruhe, sie fragte nichts, wenn ich es nicht wollte. Ich sollte sie auch in Ruhe lassen.

Ich war drauf und dran zu verstehen, warum Mama nie den Mund halten konnte. Es kribbelte mir auf der Zunge, Roos zu erzählen, wer die Jungen waren, die sie überfallen hatten.

Aber was nützte es, wenn sie den Diebstahl sowieso nicht anzeigen wollte?

Diebstahl. Ich dachte über dieses Wort nach.

Diebstahl und Freiheitsberaubung. So war es doch gewesen. Wenn man jemanden an die Heizung fesselt, ist das doch Freiheitsberaubung. Oder?

Ich hielt meine Hand in der Tasche, in der ich das Geld aufbewahrte.

Ich zitterte.

„Frierst du?", fragte Roos.

Ich schüttelte den Kopf. Eine Amsel scharrte zwischen den Blättern und zog einen Wurm aus dem Boden.

„Hast du manchmal … Angst?", fragte ich.

Roos antwortete nicht sofort. Vielleicht überlegte sie, ob diese Frage etwas zu tun hatte mit der anderen Frage, über die sie nicht sprechen wollte. Sie rührte nachdenklich ihren Tee. „Ja", sagte sie dann. „Und ich bin auch froh darum."

Ich schaute sie an. Sie tätschelte mein Bein. „Das hört sich verrückt an, nicht wahr? Wenn man nicht weiß, was Angst ist, weiß man auch nicht, was Freiheit ist. Es ist so wie beispielsweise mit … Glücklichsein. Man kann nur glücklich sein, wenn man weiß, wie es ist, unglücklich zu sein."

Ich nahm noch einen Keks aus der Dose und versuchte zu verstehen, was sie meinte.

Um sieben Uhr abends war ich wieder am Brunnen. Ich hatte das Geld in meiner Tasche bestimmt zehnmal nachgezählt. Ich wagte nicht daran zu denken, was passieren würde, wenn die beiden mir die Flöte nicht zurückgeben würden.

Wie beim vorigen Treffen kamen Evert und Lucas aus der Nische beim Juweliergeschäft. Und auch jetzt begrüßte Evert mich mit einem Stups in den Magen. Lucas trug meine Tasche.

Weil das Wetter schön war, waren mehr Menschen unterwegs. Das gab mir ein sicheres Gefühl.

Lucas grinste. „Hast du das Geld?“

Ich holte es aus der Hosentasche und faltete die Scheine auseinander.

Evert grapschte sie mir aus den Händen. „Das ist zu wenig!“, schrie er sofort. „Wir hatten fünfzig Euro ausgemacht.“

„Ich habe noch mehr.“ Ich breitete noch die drei Euro fünfundsiebzig auf meiner Handfläche aus. Lucas und Evert schauten sich an. Plötzlich schlug Lucas unter meine Hand. Das Geld rollte über die Straße.

Ich wollte mich bücken, um es aufzuheben, aber Evert scharrte das Geld mit seinem Schuh zusammen und schob es in den Gully. „Kleingeld zählt für uns nicht“, sagte er.

Ich war baff.

Lucas und Evert lachten mich aus. „Ach je“, sagte Lucas. „Ich glaube, das war das Geld aus seinem rosa Sparschweinchen. Stimmt’s, Hühnerknochen?“

Ich antwortete nicht.

Ich hatte noch nie darüber nachgedacht, aber plötzlich kam es mir lächerlich vor, in meinem Alter noch ein rosa Sparschwein zu besitzen.

„Na und?", bellte Lucas. „Ich höre nichts? Stimmt's? Also ja. Du hast also ein rosa Sparschwein wie ein Baby."

Ich schwieg immer noch. Auf der anderen Straßenseite ging ein verliebtes Pärchen Hand in Hand. Ich schaute auf den blauen Mantel des Mädchens.

„Wiederhole, was ich sage", sagte Lucas. „Ich bin ein Baby mit einem rosa Sparschwein."

Ich sagte nichts.

„Komm mal mit." Sie schoben mich in eine Gasse. Es war dämmrig dort und es stank nach Urin. Es gab keine Wohnhäuser, sondern nur Lagerhallen.

„Wir versuchen es noch einmal", sagte Lucas. „Sprich: Ich bin ein Baby mit einem rosa Sparschwein."

Evert boxte mir in den Magen. Tränen traten mir in die Augen. Ich hustete und würgte.

Lucas holte meine Flöte aus der Tasche und wedelte damit vor meiner Nase rum. „Soll ich sie doch lieber kaputt machen?"

Ich streckte meine Hand aus. „Nein! Tu's nicht! Tu's nicht."

Lucas stierte mich an. „Sag's", zischte er durch die Zähne.

Ich schämte mich zu Tode. Ich musste es sagen. Was blieb mir sonst übrig?

„Lauter!", schrie Lucas.

„Ich bin ein Baby und habe ein rosa Sparschwein!" Meine Stimme hallte von den Wänden der Lagerhallen zurück.

„Sehr schön!", riefen Evert und Lucas gleichzeitig. Sie spuckten beide auf den Boden, genau vor meine Füße.

„Jetzt zum Geld", sagte Evert. „Es fehlen noch zwanzig Euro."

„Ich habe nicht mehr", sagte ich leise und rieb meine Augen.

„Kein Geld, keine Flöte", schnauzte Evert und wollte Lucas meine Flöte aus den Händen ziehen.

Lucas schob ihn von sich weg und schüttelte den Kopf. „Pfoten weg. Denk daran, wenn sein Vater merkt, dass die Flöte verschwunden ist, gibt es Ärger. Er bekommt die Flöte zurück."

„Aber ..." Evert wollte protestieren.

„Kein Aber." Lucas steckte die Flöte in die Tasche und schaute mich an. „Du bekommst gleich deine Flöte zurück. Aber vorher musst du noch etwas für uns erledigen."

Ich wusste, was kommen würde.

Wie am Abend zuvor suchten Evert und Lucas die Hauptstraße ab. Die erste alte Frau, die vorbeikam, hatte keine Handtasche, nur einen molligen Pudel. Die Mohrrübendiät meiner Mutter hätte ihm gutgetan.

Nach einer Weile erschien das „ideale Opfer". Mit einer Hand stützte die alte Frau sich auf einen Stock, in der anderen baumelte eine Handtasche.

„Die ist genau richtig", sagte Lucas und nickte entschlossen mit dem Kopf.

Ich zuckte zusammen, als ich ihr nachschaute. Sie ging so langsam, als ob sie eine Schüssel mit Eiern trug.

„Ich kann das nicht", stöhnte ich.

Lucas fluchte. „Ich hoffe, du verstehst, dass dies die allerletzte Chance ist, deine blöde Flöte zurückzubekommen."

„Aber ich habe euch doch Geld gegeben!", warf ich ein. „Es ist nicht fair …"

„Was ist nicht fair?", herrschte Evert mich an. „Es fehlen immerhin zwanzig Euro."

„Nächste Woche bekomme ich Taschengeld", versuchte ich es wieder.

„Nächste Woche ist zu spät." Lucas boxte mich in die Seite. Ich schrie vor Schmerzen auf.

Einige Leute kamen an uns vorbei. Sie schauten kurz, aber dann gingen sie einfach weiter.

„Willst du noch einen?", fragte Lucas.

Ich senkte den Kopf. Lucas stieß mich in den Rücken.

„Geh!", sagte er. „Ich sage es nicht noch einmal."

Und ich rannte los. An der Drogerie, am Spielwaren-geschäft, am Bäcker vorbei und dann in die Seiten-straße, in die die Frau kurz zuvor verschwunden war. Ich dachte an nichts, rannte nur und zerrte die Tasche aus ihrer Hand. Ich spürte, hörte sogar, dass die Frau stürzte, aber ich schaute mich nicht um.

In der Nische beim Juwelier tauschten wir. Ich bekam meine Flöte, Evert grapschte die Handtasche aus mei-nen Fingern. „Weißt du, was du bist?", sagte er.

Mir grauste es, als ich seinen Blick sah.

„Du bist ein schmutziger Dieb, du. Pass nur auf, dass die Polizei dich nicht erwischt."

7.

Ich hatte das Gefühl, dass jeder mir ansehen musste,
was ich angestellt hatte, dass jeder auf der Straße sich
nach mir umdrehte und auf mich zeigte und gleich ein
Polizeiauto mit heulender Sirene hinter mir herkom-
men würde. Aber es passierte nichts.

Eins war mir klar: Lucas und Evert hatten alles sehr
schlau geplant. Es stimmte, was Evert gesagt hatte. Ich
war der Dieb. Die Möglichkeit, Lucas und Evert anzu-
zeigen, hatte ich jetzt verpasst. Ich würde auch selbst
aufgegriffen werden. Ich musste an Papa denken. Er
würde explodieren, wenn er erfahren würde, was geschehen war.

Ich ging nach Hause. Ich ließ mir alle möglichen
Ausreden einfallen, um so schnell wie möglich in
meinem Zimmer verschwinden zu können. Aber es
war niemand zu Hause. Ich konnte also problemlos
nach oben gehen.

Ich nahm eine Tüte mit Lakritzkonfekt aus dem
Küchenschrank. Oben in meinem Zimmer legte ich
mich aufs Bett und riss die Tüte auf. Gierig steckte ich

ein Lakritzbonbon nach dem anderen in den Mund. Ich machte mir nicht wie sonst die Mühe, die Kokosschicht mit den Zähnen runterzukratzen. Ich aß nur und aß. Und ich wusste überhaupt nicht, wie es weitergehen sollte.

Am nächsten Tag ging ich wieder zu Roos. Ich ging zu ihr, ohne genau zu wissen, was ich dort wollte. Einerseits hatte ich das Gefühl zu platzen und verrückt zu werden, wenn ich niemandem sagte, was passiert war. Aber andererseits wusste ich, dass alles schlimmer werden würde, wenn ich redete. Roos würde natürlich von mir erwarten, auch zu Hause alles zu erzählen.

Aus Gewohnheit ging ich hinten rum. Die Küchentür war abgeschlossen. Ich erinnerte mich, dass Roos gesagt hatte, dass ich in Zukunft klingeln sollte. Ich wollte gerade nach vorne gehen, als ich Roos am Küchenfenster sah. Sie winkte mir zu. Kurz darauf hörte ich Gerüttel am Türschloss. „Hallo, mein lieber Alex", sagte sie.

Ich ging in die Küche. Hinter meinem Rücken schloss sie die Tür wieder ab. „Das ist hier fast wie im Gefängnis!", schrie ich und erschrak selber. Vielleicht kam das, weil ich in der Nacht kaum geschlafen hatte.

Roos legte ihre Hand auf meinen Arm. „Du willst bestimmt dein Notenbuch abholen. Warte … ich hole es. Es ist doch alles in Ordnung, Alex?"

Ich spürte einen Kloß im Hals und brachte kein Wort raus. Roos schaute mich forschend an, als sie mir das Notenbuch gab. Sie hatte die Seiten wieder in der richtigen Reihenfolge geordnet und geheftet. Es sah recht gut aus.

„Ich habe es gebügelt", sagte Roos. „Was sagst du dazu? Es war die einzige Möglichkeit, das Papier wieder glatt zu bekommen. Eine Tasse Tee? Setz dich."

Ich nickte langsam und legte das Buch auf den Tisch. Roos ahnte, dass etwas nicht stimmte. Warum fragte sie nicht weiter? Warum wollte sie ausgerechnet jetzt Tee machen? Warum sagte sie nicht: „Alex, erzähl mal, was fehlt dir? Ich möchte es wissen."

Warum hatte ich es immer angenehm gefunden, dass Roos nie etwas fragte?

Auf dem Tisch lag ein Prospekt. Ich sah die Anzeige einer Metzgerei. Im Sonderangebot gab es magere Schweineschnitzel. Roos stellte einen Becher mit Tee vor mich hin und setzte sich mir gegenüber. Dann sagte ich plötzlich: „Ich habe noch immer ein rosa Sparschwein."

Warum sagte ich das? Es tat nichts zur Sache. Stimmte es vielleicht, dass man Dinge sagt, die man sonst nie sagen würde, wenn man unausgeschlafen ist?

Es war etwas Furchtbares passiert. Darüber wollte ich reden. Nicht über das Sparschwein.

Aber Roos sagte: „Wirklich?"

68

„Ja!", schnauzte ich. „Kindisch, was?" Ich presste die Lippen zusammen.

Roos rührte in ihrem Becher. „Och", sagte sie. „Kindisch … Was ist kindisch? Ich hatte früher eine wunderschöne Spardose. Es war ein Männchen. Sein Mund war der Schlitz für das Geld. Man musste das Geld zuerst auf die Hand des Männchens legen. Wenn man anschließend einen Hebel betätigte, steckte es das Geld in den Mund." Roos lächelte. „Diese Spardose hätte ich gerne noch."

„Aber ein rosa Sparschwein", sagte ich, „das ist etwas anderes. Das ist doch eher etwas für Babys!"

„Wenn du meinst, dass du zu alt dafür bist, dann kannst du es ja wegtun. Ich denke nur, dass es wichtig ist zu wissen, wer es kindisch findet, du oder jemand anderes." Roos stellte ihren Becher auf den Tisch. Sie stand auf und ging zur Kommode, stöberte in einer Schublade und kam mit einer unansehnlichen, braunen Stoffpuppe zurück.

„Gehört sie dir?", fragte ich. „Hast du mit ihr gespielt, als du noch ein Kind warst?"

Roos schüttelte langsam den Kopf. „Nein … Weißt du, wem sie gehörte? Deinem Großvater."

Ich staunte.

Sie lächelte. „Als wir geheiratet haben, hat dein Großvater diese Puppe mitgebracht. Kannst du dir das vorstellen, ein großer, starker Mann mit fünfundzwanzig?

Ist das vielleicht kindisch? Ich habe es nicht einen Moment kindisch gefunden. Er war ein lieber Mann, eben weil er auch klein und verletzlich sein konnte und sich nicht schämte diese Puppe aufzuheben." Sie streichelte die Puppe mit ihren Fingern. „Piet", sagte sie lachend. „Pietje, so heißt die Puppe. Es ist für mich eine sehr wertvolle Erinnerung an deinen Großvater."

Wir schwiegen. Ich dachte an Bram, den Teddybären, der jahrelang neben mir geschlafen hatte. Ich wusste gar nicht, wo er geblieben war. Auf dem Speicher? Oder vielleicht hatte Mama ihn für irgendeine Wohltätigkeitsveranstaltung weggegeben. Er war jedenfalls nicht mehr in meinem Zimmer. Ich würde mich zu Tode schämen, wenn jemand ihn sehen würde.

Nach einer Stunde ging ich wieder. Ich hatte das Notenbuch unter meine Jacke gesteckt. Ich überquerte die Straße, kletterte auf den Deich und schaute runter zum Weiher. Die Sonne glitzerte auf dem Wasser und ich blinzelte mit den Augen. Außer einigen Enten, die herumpaddelten, bewegte sich nichts. Der Weiher war von allen Seiten mit Deichen umgeben. Niemand konnte einen dort von der Straße aus sehen. Ein schönes, ruhiges Plätzchen also.

Ich rutschte auf der anderen Seite den Deich runter. Manchmal kamen Angler dorthin, aber jetzt war niemand da.

Ich setzte mich hin und starrte ins Wasser. Ich dachte eigentlich an nichts. Ich hatte schon so viel nachgedacht.

Ich zog Grashalme aus dem Boden und legte sie auf die Spitze meines Schuhs. Plötzlich flog etwas an meinem Kopf vorbei. Ich fuhr erschreckt hoch und hörte etwas in den Weiher plumpsen.

Vielleicht ein Stein.

Ich drehte mich um.

Auf dem Deich standen Evert und Lucas.

Sie kamen zu mir nach unten. „Hallo!" Everts Stimme schallte mir in den Ohren.

Ich wollte wegrennen, aber bevor ich einen Schritt machen konnte, hielten sie mich fest. Ich musste als Erstes an mein Notenbuch unter der Jacke denken. Ich hatte eine höllische Angst, dass sie es mir wieder wegnehmen würden.

„So, Hühnerknochen …" Lucas' Stimme klang nicht unfreundlich.

Misstrauisch schaute ich ihn an.

„Wie geht's dir denn seit gestern Abend? Also, ich muss wirklich zugeben, dass du es ausgezeichnet gemacht hast. Das darfst du wieder tun."

Mein Nackenhaare sträubten sich. „Wieso … w-wieder tun?", brachte ich heraus. Was hatten die beiden jetzt vor?

„Genau, wie ich es sage", antwortete Lucas. „Muss ich es vielleicht buchstabieren?"

„Hast du etwa keine Ohren?", schnauzte Evert. „Bist du taub? Schau nicht so wie ein weich gekochtes Ei."

Ich schaute mich um. Ich saß wie eine Maus in der Falle. Warum kam niemand auf die Idee, einen Spaziergang über den Deich zu machen, warum wollte niemand angeln?

„Sei brav und komm mit", sagte Lucas. „Dann suchen wir noch eine Handtasche für dich aus …"

Ich schüttelte den Kopf.

„Du wirst nicht gefragt", schnauzte Lucas. „Komm!" Er zog mich am Ärmel. Ich riss mich los und schlug wild um mich, aber Lucas packte mich wieder und warf mich auf den Boden. „Keine Faxen, kapiert?", schrie er.

„Wir werfen ihn in den Weiher", sagte Evert. „Dann kann er etwas abkühlen."

Mein Buch!, dachte ich. Dass ich nass werden würde, fand ich nicht so schlimm, aber nicht schon wieder mein Notenbuch!

Evert zerrte an mir herum und schleifte mich zum Wasser.

„Ach, lass es", sagte Lucas. „Wir brauchen Geld. Was bringt es uns, wenn er im Wasser liegt."

Widerwillig ließ Evert mich los. „Immer willst du bestimmen", sagte er.

Lucas zuckte mit den Schultern. „Ich überlege zumindest. Du faselst nur." Er stieß mit seinem Fuß nach mir.

Ich stand auf und sah zum Deich rüber. Ich hatte wirklich keine Chance.

Niemand sagte etwas. Ich schaute zögernd auf. Lucas war einen Kopf größer als ich. Er schaute spöttisch auf mich runter.

„Hast du etwa Angst, Kleiner?"

Am liebsten wäre ich im Boden versunken.

Lucas fing an, gespielt freundlich auf mich einzureden. Dass alles am Abend zuvor so gut geklappt hätte und mir nichts passieren würde. Ich müsste nur tun, was sie sagten.

„Aber warum habt ihr es gerade auf mich abgesehen?", schrie ich. „Lasst mich in Ruhe! Ich habe euch doch nichts getan."

Lucas und Evert grinsten. Erst dann fiel mir auf, dass sie doch eine gewisse Ähnlichkeit hatten. Lucas hatte genau die gleichen blauen Babyaugen.

Babyaugen … Die Schweine!

„Komm jetzt", sagte Lucas. „Am Samstag kaufen die alten Damen für das Wochenende ein und haben also einen schönen prallen Geldbeutel in der Tasche."

Ich war schweißgebadet.

„Beweg dich!", befahl Lucas.

Ich blieb stehen.

„Wird's jetzt!" Ich bekam einen Stoß in den Rücken und flog einen Meter nach vorne. Ich selbst strengte mich jedoch kein bisschen an, vorwärtszukommen.

„Ganz schön bockig", sagte Lucas mit zusammengekniffenen Augen. „Das ist nicht vernünftig, weißt du. Es ist sogar ziemlich gefährlich. Überleg mal … was zum Beispiel alles mit deiner lieben Oma passieren könnte, wenn du nicht auf uns hörst."

„Lass meine Oma aus dem Spiel!", schrie ich. Was hatte Roos mit der Sache zu tun?

Lucas lächelte. „Vielleicht stürzt deine Oma die Treppe runter, wenn du nicht auf uns hörst. Wenn alte Menschen fallen, kann das sehr gefährlich sein. Das wäre nicht so toll."

Ich zitterte am ganzen Körper. Meine Knie waren so weich, dass ich sie nicht ruhig halten konnte. „Meinst du damit, dass du sie die Treppe runterschubsen willst?", fragte ich. Meine Stimme überschlug sich fast.

„Ich?", sagte Lucas und machte ein unschuldiges Gesicht. „Aber nein, ich würde mich das nicht trauen. Wie kommst du darauf? Ich tue doch keiner Fliege was. Ich meine nur, dass es besser ist, wenn du auf uns hörst, weil sonst deine Oma vielleicht die Treppe runterstürzen könnte."

Meine Hände waren eiskalt. Ich steckte sie in die Hosentaschen. „Du erpresst mich", sagte ich. „Ich geh zur Polizei und erzähle alles."

„Ausgerechnet du!", rief Lucas. „Wer ist hier der Dieb? Du! Hörst du? Du!"

„Ihr habt mich gezwungen!" Ich heulte fast.

„Ha, das musst du zuerst mal beweisen!", rief Evert. Lucas lachte auch. „So ist es. Kannst du das beweisen? Du hast gestern Abend die alte Frau beraubt. Weißt du, wie viel Geld in ihrer Tasche war? Sechshundert Euro!"

„Das sagst du nur so!", quietschte ich.

Lucas schaute zu Evert rüber und holte dann langsam ein Bündel Geldscheine hervor. Es waren lauter Hunderteuroscheine. Ich stöhnte.

„Du hast sie gestohlen!", wiederholte Lucas. „Geh ruhig zur Polizei. Die werden sich freuen."

Ich war ratlos.

Ich ging mit den beiden zum Einkaufszentrum. Wir stellten uns verdeckt auf, gegenüber dem Damenfrisör. Lucas gab mir Anweisungen, während Evert mich hin und wieder schubste und boxte.

Ich schaute mir die Menschenmenge an, die sich an uns vorbeischob. „Es ist so voll", sagte ich leise.

„Das ist gerade günstig", antwortete Lucas. „Du bist im Nu zwischen den anderen verschwunden. Was willst du noch mehr?"

„Aber jeder kann mich sehen", warf ich ein.

„Ach je, wer wird schon auf dich achten?"

„Abends scheint es mir sicherer."

„Hör doch auf. Mir wird schlecht."

Die Tür vom Frisiersalon wurde geöffnet und eine alte Frau kam nach draußen. Sie hatte eine schwarze Tasche über der Schulter hängen. Sie fuhr mit der Hand kurz über ihre frisch frisierten Haare und verschwand in der Einkaufsstraße.

„Die musst du erwischen", zischte Lucas. „Das ist bestimmt eine reiche alte Tante."

„Warum lasst ihr mich nicht in Frieden?", versuchte ich es noch einmal. Aber Lucas fluchte und gab mir einen kräftigen Stoß. „Beeil dich!"

Es waren viele Menschen unterwegs. Ich musste schwer aufpassen die Frau nicht aus den Augen zu verlieren.

Als ich losrannte, hatte ich keine Angst mehr. So wie beim ersten Mal dachte ich an nichts.

Als ich die Frau erreicht hatte, griff ich nach der Tasche, während ich weiterrannte.

Aber sie ließ nicht los.

Ich ruckte noch einmal kräftig, aber sie umklammerte die Tasche mit beiden Händen, schaute mich an und fing an zu schreien.

Es blieb mir nichts anderes übrig, als loszulassen und so schnell ich konnte wegzurennen. Jemand fasste mich am Arm, aber ich konnte mich losreißen. Noch nie bin ich so schnell gerannt.

8.

An diesem Tag hatte ich große Angst. Jedes Mal, wenn das Telefon klingelte, erwartete ich, dass es Lucas oder Evert waren.

Ich blieb den ganzen Tag im Haus. Als es Abend wurde, hatten Evert und Lucas noch nichts von sich hören lassen.

Der Sonntag verlief genauso. Ich wartete ängstlich, dass sie sich melden würden, aber nichts geschah.

Am Montag ging ich nicht wie gewöhnlich zu Fuß zur Schule, sondern fuhr mit dem Fahrrad. Ich hatte Bauchschmerzen.

Ich strampelte wie besessen und wurde fast von einem Auto erfasst, weil ich nicht aufpasste. Ich schaute nur auf den Boden und bildete mir ein, dass Lucas und Evert mich nicht sehen würden, solange ich niemanden sah. Eine Art Vogel-Strauß-Taktik.

Erst als ich klitschnass geschwitzt in der Schule ankam, fühlte ich mich sicher. Hier konnten sie mich nicht erreichen. In der großen Pause blieb ich so weit wie möglich vom Schultor entfernt.

Nach der Schule strampelte ich wie ein Irrer nach Hause zurück. Außer Atem stellte ich das Rad im Schuppen ab. Mein Herz klopfte bis zum Hals, aber sie hatten mich nicht erwischt. Ob sie mich verpasst hatten? Tausend Mal hatte ich mir eingebildet, dass sie mir irgendwo auflauerten. Jetzt war es mir egal. Ich war zu Hause und es war unterwegs nichts passiert.

Ich musste als Hausaufgabe einige Zeitungsausschnitte über die Apartheid heraussuchen. Ich nahm einen Schluck Cola und breitete die Zeitung auf dem Tisch aus. Schon auf der Titelseite stand ein Artikel über Südafrika. Auf der zweiten Seite standen die Wettervorhersage, ein Rätsel und ein Kochrezept. Das brauchte ich nicht.

Ich steckte ein Bonbon in den Mund und überflog die Stadtnachrichten auf der dritten Seite. Ich wollte gerade weiterblättern, als mir eine Kurznachricht ins Auge fiel:

Taschendieb
Am Samstag hat gegen Mittag wieder ein Taschendieb im Zentrum zugeschlagen. Die 62-jährige Frau A. W. spürte, wie an ihrer Tasche gezogen wurde, ließ sie jedoch nicht los. Als sie anfing zu schreien, rannte der Dieb davon. Frau W. konnte der Polizei eine gute Beschreibung des Täters geben. Es handelt sich um einen etwa zwölf-

*jährigen Jungen mit blonden Haaren. Der jugendliche
Dieb trug eine blaue Jacke …*

Mit einem Ruck stand ich auf. Der jugendliche Dieb …
das war ICH!

Einige Sekunden war ich zu entsetzt, um etwas zu
unternehmen. Dann ging ich in den Flur, riss die Jacke
vom Kleiderhaken und rannte die Treppe hoch. Ich
nahm immer zwei Stufen gleichzeitig.

Diese Jacke würde ich nie mehr anziehen!

Ich zitterte am ganzen Körper.

Ich suchte in meinem Schrank und unter dem Bett
nach einem guten Versteck. Dann rannte ich hoch zum
Speicher. Es war warm und stickig dort. Eine dicke
Schmeißfliege brummte am Fenster. Dort stehen mas-
senhaft Schachteln rum. In dem großen Schrank hebt
Mama Blumentöpfe und Einmachgläser auf. Hinter
dem Schrank ist ein breiter Riss in der Wand. Ich stopf-
te meine Jacke in den Riss und atmete erleichtert auf.
Von der Jacke war nichts mehr zu sehen.

Die Fliege machte viel Lärm. Ich ging zum Fenster
und ließ sie raus. Frische Luft strömte herein. Ich atmete tief durch und lehnte den Kopf an die Wand.

Wie viele Menschen würden diese Nachricht lesen?
Ob irgendjemand beim Lesen an mich denken würde?

Ich versuchte mich zu beruhigen, indem ich mir ein-
redete, dass ich nicht der einzige Junge mit blonden

Haaren und einer blauen Jacke war. Aber was, wenn Papa oder Mama es lesen würden? Würden sie nicht …

Die Zeitung lag noch immer auf dem Tisch! Wo war Papa? Ich wollte durch das Dachfenster in den Garten schauen, aber es war zu hoch. Ich raste also die Treppe runter.

Papa hatte einen freien Tag. Als ich nach Hause gekommen war, hatte er im Garten geharkt. Vielleicht arbeitete er noch immer draußen. Oder war er schon im Wohnzimmer?

Ich verpasste eine Stufe und stolperte. Gerade noch rechtzeitig konnte ich das Geländer greifen.

„Was machst du?" Es war Papas Stimme.

Ich ging ins Wohnzimmer.

Papa saß in seinem bequemen Sessel, die Zeitung lag ausgebreitet auf seinen Knien. „Was ist los?", fragte er mit hochgezogenen Augenbrauen. „Du siehst so blass aus. Fehlt dir was?"

„Aber … aber ich wollte Zeitung lesen", stammelte ich.

„Das habe ich gesehen", antwortete Papa. Er hielt die Zeitung hoch und schaute durch das Loch auf der Titelseite. „Danke! Kannst du demnächst freundlicherweise warten, bis deine Eltern die Zeitung auch gelesen haben?"

„Ja, aber …", stammelte ich wieder.

„Was aber? Was hast du ausgeschnitten?", fragte Papa ungeduldig.

„Etwas für die Schule. Über Apartheid."

Papa blätterte weiter. „Das ist in Ordnung. Aber jetzt lese ich." Ich dachte, ich werde verrückt.

Ich ging am Tisch auf und ab. Ich wollte mich hinter Papa stellen, um zu sehen, welche Seite er gerade las, aber ich fürchtete, dass das vielleicht zu auffällig war.

Ich schielte auf Papas Gesicht. Es regte sich nicht. Papa hatte einen Zahnstocher im Mund und kaute darauf herum. Plötzlich sah er anscheinend etwas, was ihn interessierte, denn er faltete die Zeitung doppelt und legte sie wie ein Buch vor sich hin.

Ich hielt es nicht länger aus, stellte mich so unauffällig wie möglich hinter ihn und schaute über seine Schulter.

Es war ein Artikel über chemische Abfälle.

Dann hörte ich ein Auto auf dem Gartenweg. Das musste Mama sein. Papa schaute von der Zeitung auf. „Da kommt Mama", sagte er. „Machst du uns einen Kaffee?"

Das war so ungefähr das Letzte, wozu ich Lust hatte. Ich hörte, wie das Garagentor zugeschlagen wurde, und schaute durchs Fenster. Mama warf ihre Tasche mit Schwung über die Schulter und ging mit kleinen, schnellen Schritten auf die Haustür zu. Ihre Füße knickten in den Stöckelschuhen um.

Seufzend ging ich in die Küche und nahm den Deckel von der Kaffeemaschine. Die alte Filtertüte mit Kaffeesatz war noch drin. Mit zwei Fingern angelte ich den nassen, schmutzigen Beutel raus.

Mama öffnete ruckartig die Küchentür, trat die Schuhe von den Füßen und warf ihre Tasche auf den Tisch. „Wo ist Papa?", fragte sie und ging gleich weiter ins Wohnzimmer.

Ich folgte ihr.

„Du hältst es nicht für möglich!", rief sie aufgebracht.

Papa schaute von seinem Artikel auf.

„Meine Mutter hat sich den Fuß verstaucht. Sie kann keine zwei Schritte mehr gehen. Es ist gestern schon passiert. Aber meinst du, dass sie mich um Hilfe bittet? Nein, eigensinnig wie sie ist, will sie alles selber machen. Gut, dass die Gemeindeschwester mich angerufen hat, sonst hätte es vielleicht noch eine Woche gedauert, bis ich dahintergekommen wäre."

Papa legte die Zeitung zur Seite.

Mama ließ sich auf einen Stuhl fallen. „Ich habe gesagt, dass sie zu uns kommen soll. Aber nein, das wollte sie nicht. Ich finde es unverantwortlich, dass sie dort allein wohnt. Heute verstaucht sie sich den Fuß, morgen bricht sie sich vielleicht die Hüfte."

Ich wusste genau, was kommen würde: Mama würde wieder vom Altersheim anfangen.

Ich konnte gut verstehen, dass Roos in ihrem eigenen Haus bleiben wollte.

„Wie ist es passiert?", fragte ich. „Warum hat sie sich den Fuß verstaucht? Ist sie gestürzt?"

Mama nickte. „Von der Küchenleiter, von der untersten Stufe. Sie hatte die Fenster geputzt. Stell dir vor, Fenster putzen in ihrem Alter. Das gibt's doch nicht!"

Ich ging wieder in die Küche und lächelte vor mich hin. In zehn Jahren, wenn Roos zweiundachtzig sein würde, würde sie wahrscheinlich immer noch selbst die Fenster putzen wollen.

„… und natürlich ist die Leiter auch schon wacklig", hörte ich Mama sagen. Und dann sah ich plötzlich Lucas mit seinem schlaksigen Körper und den blauen Augen vor mir: „Vielleicht stürzt deine Oma die Treppe runter, wenn du nicht auf uns hörst", sagte er.

Ein eiskalter Schauer lief mir vom Nacken aus den Rücken runter.

Die Filtertüte fiel mir aus der Hand. Der glitschige Kaffeesatz klatschte auf den Fliesenboden.

9.

Noch vor der Schule ging ich zu Roos. Mir war schwindlig vor Kopfschmerzen. Im Spiegel hatte ich schon festgestellt, dass ich blass war und dicke Ringe unter den Augen hatte. Ich war furchtbar müde und kam kaum vorwärts. Aber ich zwang mich, so schnell wie möglich zu Roos zu fahren.

Als ich mein Fahrrad vor Roos' Haus abstellte, wurde mir schwarz vor Augen. Ich hielt mich am Lenker fest und wartete, bis der Schwindel nachließ.

Auch in der vergangenen Nacht hatte ich kaum ein Auge zugemacht.

Ich klingelte. Ich wartete eine ganze Weile, aber es wurde nicht aufgemacht. Dann hob ich die Klappe vom Briefkasten hoch und spähte in den Flur. Ich konnte nur die Garderobe und den Schirmständer sehen.

„Roos! Roos, mach auf! Ich bin's. Alex." Dann hörte ich einen Knall. Als ob etwas heruntergefallen wäre.

Erst dann fiel mir ein, dass Roos fast nicht gehen konnte, dass es wahrscheinlich sehr beschwerlich für sie war, zur Haustür zu kommen.

„Ich bin gleich da", hörte ich Roos rufen. Durch den Briefkastenschlitz sah ich, dass der Griff der Wohnzimmertür runtergedrückt wurde. Roos humpelte in den Flur und stützte sich mühsam auf einen Stock.

„Du bist ja früh dran", sagte sie, als sie mich reinließ. Ihre Haare waren zerzaust und ihr Kleid verknittert. „Musst du nicht zur Schule?"

„Du musst mir genau erzählen, wie es passiert ist", sagte ich.

Befremdet schaute sie mich an. „Wenn du schon da bist, kannst du mir auch helfen. Komm, gib mir deinen Arm."

Ich half ihr ins Wohnzimmer.

Auf dem Sofa lagen einige Kissen und Decken. Auf dem Tisch daneben standen eine Flasche Milch und ein Becher.

„Wo möchtest du sitzen?", fragte ich.

Sie zeigte auf einen Stuhl. Ich musste mich sehr zusammennehmen, bis sie Platz genommen hatte. Aber dann brach es aus mir raus: „Wann waren sie hier?"

„Wer?"

„Wer? Roos! Dass du meiner Mutter erzählst, dass du dir beim Fensterputzen den Fuß verstaucht hast, ist deine Sache. Aber mich führst du nicht an der Nase herum."

Roos blinzelte. „Alex! Um Himmels willen, wovon redest du?"

Ich schlug mit der flachen Hand auf den Tisch. „Ich weiß alles, alles, hörst du! Sie haben dich von der Leiter geschubst."

„Wer soll mich von der Leiter geschubst haben?"

„Hör doch auf damit!" Tränen kullerten mir aus den Augen.

„Alex!" Roos' Stimme klang schrill. „Du bist ja ganz durcheinander. Setz dich mal hin."

„Ich setz mich nicht!" Ich wollte schreien, kreischen. Es war so viel Angst und Ohnmacht in mir.

„Alex, was ist denn los mit dir? Ich bin einfach von der Küchenleiter gefallen. Das kann doch passieren. Wie kommst du darauf, dass jemand mich geschubst haben soll? Wer sollte so was tun?"

Jetzt weinte ich richtig. Ich hatte kein Taschentuch dabei und wischte meine Tränen mit den Händen weg.

„Alex, wer sollte es denn getan haben?", fragte Roos wieder. Ihre Stimme klang auffordernd.

Ich heulte nur. Meine Lippen schmeckten salzig und meine Nase lief ununterbrochen.

Roos reichte mir ihr Taschentuch.

„Ich weiß alles!", sagte ich wieder. „Die zwei, die dich überfallen haben, waren wieder hier."

Roos schüttelte den Kopf und zog ihre Mundwinkel nach unten. „Ich hab's mir doch gedacht", sagte sie böse. „Jetzt benimmst du dich wie deine Mutter. Ich hätte dir von dem Überfall nichts erzählen sollen. Du redest dir jetzt allen möglichen Unsinn ein."

In diesem Moment hätte ich sie schütteln und treten können.

„Wenn du mir nicht vertrauen willst, kannst du es sein lassen!", schrie ich.

„Du bist ja völlig durchgedreht. Deine Fantasie geht mit dir durch!", schrie Roos zurück.

Ich ging zur Tür. Roos rief hinter mir her, aber ich tat, als ob ich sie nicht hörte.

Mir war, als ob ich einen Schlag ins Gesicht bekommen hätte. Ich hatte Roos und mich immer für Freunde gehalten. Na, schöne Freunde waren wir! Großartig!

Ich wollte nichts mehr mit ihr zu tun haben. Als sie mich nach der Schule anrief, ging ich auch nicht ans Telefon.

„Was fehlt dir?", fragte Mama. „Oma ruft extra wegen dir an." Ich rannte nach oben und schlug die Tür meines Zimmers hinter mir zu.

Ich wollte nur noch in Ruhe gelassen werden. Aber das schien unmöglich zu sein. Wenn Mama mir nicht in den Ohren lag, tat Papa es. Und in der Schule waren die Lehrer hinter mir her. Alle wollten wissen, was mit mir los sei. Sollte ich mir etwa ein Schild mit der Aufschrift „Mir geht es gut" um den Hals hängen? Würde man mich dann in Frieden lassen?

Am Mittwochnachmittag war schulfrei. Ich lag auf dem Bett und starrte an die Decke. Ich überlegte. Ich probierte es jedenfalls.

Ich hatte mal einen Film gesehen über eine Spinne, die mit ihrem Spinnennetz eine Fliege fing. Die Fliege war von allen Seiten in den klebrigen Fäden verstrickt gewesen.

Noch nie hatte ich so viele Probleme gehabt.

Von Mama erfuhr ich, dass Roos bei einer Kusine wohnte, bis ihr Fuß wieder in Ordnung war. Mama war furchtbar eingeschnappt. Sie fand es unglaublich, dass Roos zu einer Kusine ging und ihr Angebot, zu uns zu kommen, abgeschlagen hatte.

Ich war froh, dass sie nicht zu uns kam.

Wie konnte man böse auf jemanden sein und sich gleichzeitig traurig fühlen, weil man böse war?

Ich schaute zum Fenster. Davor war ein Fliegengitter. Der Wind pustete hinein und bewegte die Gardinen. Eine Amsel sang. Irgendwo bellte ein Hund. Ich hörte, dass die Tür vom Nachbarhaus geöffnet wurde und dass die Nachbarin, wie jeden Mittwoch, ihren Küchenteppich an der Wand ausklopfte.

War ich überhaupt böse?

Ja. Ich war noch immer böse.

Und traurig?

Ja, traurig war ich auch.

Das eine schloss also das andere nicht aus.

Ich musste daran denken, was Roos mir vor einiger Zeit gesagt hatte: Wenn man nicht weiß, wie es ist, unglücklich zu sein, weiß man auch nicht, was es bedeutet, glücklich zu sein.

Mein Bett quietschte, als ich aufstand. Ich ging zum Fenster. Die Härchen auf meinem Arm richteten sich auf. Ich zitterte. Ich drückte meine Nase an das Fliegengitter und spürte den Wind in meinem Gesicht.

Also, nach Roos' Ansicht hätte ich jetzt eigentlich froh sein müssen. Hurra, mir geht es elend.

Im Haus gegenüber stand eine Wiege am Fenster. Im Garten flatterten Windeln an der Wäscheleine.

Unten im Haus hörte ich eine aufgeregte Stimme.

Ich wusste, dass eine von Mamas sogenannten „zu dicken Freundinnen" auf eine Tasse Kaffee – Pardon, auf ein Gläschen Karottensaft – vorbeigekommen war und ihren kleinen Sohn mitgebracht hatte.

Mama hatte mir deshalb einige Spielzeugautos abgeluchst. Komisch. Ich spielte nie mehr mit diesen Autos, aber trotzdem störte es mich, dass das Kind jetzt damit spielte.

Ich beschloss nach unten zu gehen.

Mama saß neben ihrer Freundin auf dem Sofa. Der kleine Junge lag mit dem Bauch auf dem Boden und parkte meine Autos in eine ordentliche Reihe zwischen den Stuhlbeinen. Genau wie ich es auch immer getan hatte.

„Hallo, Alex!", sagte Mamas Freundin. Ich hatte sie zwar schon mal gesehen, aber ihren Namen wusste ich nicht mehr. Sie gab mir die Hand. „Wie geht es in der Schule?"

„Gut." Warum fragen Erwachsene immer, wie es in der Schule geht? Als ob es kein anderes Thema gäbe.

Der Kleine war aufgestanden und stellte sich vor mich hin. Er schaute mich lachend an.

„Das ist Vincent", sagte seine Mutter. „Vincent, sag mal hallo."

Vincent schwieg und starrte auf den Boden.

„Er kann schon sprechen", sagte seine Mutter.

Komisch. Warum sagte sie das? Natürlich konnte der Junge sprechen. Wie alt war er denn? Bestimmt schon zwei. Warum sollte ich denken, dass er nicht reden konnte?

„Möchtest du einen Keks?", fragte Mama.

Ich langte in die Dose. Vincent stellte sich neben mich.

„Du hast schon einen bekommen", sagte seine Mutter warnend.

„Das macht doch nichts", sagte Mama. „Nimm ruhig noch einen Keks." Vincent nahm einen Keks, steckte ihn gleich in den Mund und krabbelte unter den Tisch.

Ich mag kleine Kinder. Wenn man größer ist als sie, denken sie, dass man alles weiß und alles kann. Mir macht es Spaß, ihnen etwas beizubringen. Vielleicht möchte ich später Lehrer werden.

Ich legte mich neben ihn und zusammen fuhren wir die Autos zwischen den Stuhlbeinen hin und her.

Ich zeigte ihm, dass man bei einigen Autos die Tür öffnen konnte, und wir benutzten einen niedrigen Pflanzenschemel als Tankstelle.

„Warum geht ihr nicht mal nach draußen, Alex?", fragte Mama. „Du hockst schon den ganzen Nachmittag in deinem Zimmer. Vielleicht möchte Vincent das Kaninchen der Nachbarin sehen."

Ich wäre lieber im Haus geblieben. Ich hatte lange nicht mehr auf dem Boden mit Autos gespielt.

„Ein Kaninchen?", fragte Mamas Freundin. „Oh, das gefällt Vincent ganz bestimmt. Vincent ist verrückt nach Tieren, nicht wahr, Schatz?"

„Also gut", sagte ich. Ich stand auf und reichte dem Jungen die Hand. „Kommst du mit?"

Dann gingen wir zusammen nach draußen. „Komm", sagte ich, „wir gehen rüber."

Die Nachbarin war nicht zu Hause, aber ich ging trotzdem mit Vincent in ihren Garten. Ich wusste, dass sie es erlaubt hätte.

Das Kaninchen saß in seinem Stall mit einem Gitter aus Maschendraht. Es war weiß und hatte fahlrote Augen mit dunkelroten Pupillen. Sein rosarotes Näschen bewegte sich schnuppernd auf und ab.

Vincent klatschte begeistert in die Hände. „Streicheln", rief er, aber weil die Nachbarin nicht zu Hause war, traute ich mich nicht, das Gitter aufzumachen. Ich zeigte Vincent, wie man die Finger durch die Löcher stecken und so das Kaninchen streicheln konnte. Jedes Mal, wenn er das Kaninchen kurz berührte, zog er krähend den Finger wieder zurück. Es war ihm wohl etwas unheimlich. Ich lächelte.

„Kanin will fressen", sagte Vincent und hob einige Kieselsteine vom Gartenweg auf.

„Das geht nicht", sagte ich. „Ein Kaninchen kann doch keine Steine fressen. Du kannst Gras pflücken, schau mal, oder Löwenzahn, den mag es auch."

Vincent pflückte unter großer Anstrengung klitzekleine Löwenzahnblätter und warf sie durch das Gitter. Das Kaninchen hüpfte auf sie zu und fing an zu fressen.

Ich mag Kaninchen in Ställen nicht. Sie tun mir leid. Eigentlich muss ich also sagen, dass ich Kaninchen mag, aber die Ställe nicht. Wenn man wirklich tierlieb ist, lässt man ihnen die Freiheit. Wenn man einen Goldfisch hat, der den ganzen Tag in einem Glas im Kreis schwimmt, ist man dann tierlieb?

Oder wenn man einen Vogel in einem Käfig hält? Ich denke, dass man sich selbst dann mehr liebt als den Vogel. Sonst würde man dem Vogel die Freiheit gönnen, damit er wie ein Spatz oder eine Amsel herumfliegen kann.

„Magst du auch Enten?", fragte ich. Vincent schaute mich an, kniff ein Auge zu und nickte.

Ich nahm ihn wieder an die Hand. „Komm", sagte ich. „Ich weiß, wo ein Ententeich ist." Wir gingen zum Park. Vincent hielt alle fünf Schritte an, um Kieselsteine aufzuheben, die er in seine Hosentasche steckte.

Der Park war nicht weit von unserem Haus. Vincent fand einen großen Ast und zog ihn wie einen Hund hinter sich her.

„Schau mal", sagte ich. „Dort drüben sind die Enten schon."

Vincent hockte sich hin und schaute über den Teich. Die Enten hatten uns auch bemerkt. Sie schwammen auf uns zu und watschelten laut schnatternd aus dem Wasser. Vincent erschrak.

Ich nahm ihn auf den Arm. „Sie haben Hunger", sagte ich. „Sie denken vielleicht, dass wir Brot haben."

Die Enten erkannten schnell, dass es bei uns nichts zu holen gab. Eine nach der anderen glitten sie wieder ins Wasser zurück.

Ich stellte Vincent auf den Boden. „Die bunten … das sind die Männchen. Und die braunen sind die Weibchen." Dann fiel mir ein, dass er vielleicht noch zu klein war, um das zu verstehen. „Die braunen … sind die Mama-Enten, die bunten sind die Papa-Enten."

Das verstand er. Ich war stolz auf mich, weil es mir gelungen war, etwas zu erklären.

Wir blieben noch eine Weile am Teich, aber dann wurde es Vincent langweilig. Mit seinem Ast stocherte er zwischen den verdorrten Blättern und fand einen Tannenzapfen.

„Wollen wir wieder nach Hause gehen?", fragte ich. „Dann spielen wir noch mit den Autos."

Willig kam er mit und schleifte den Ast hinter sich her. Wir waren gerade aus dem Park, als wir ein Moped hörten.

Das heißt, Vincent hörte es zuerst.

„Moped", sagte er und zeigte in die Richtung, aus der der Lärm kam.

Ich sah sofort, dass es Evert und Lucas waren.

Ich kann mich nicht mehr so gut daran erinnern, wie alles genau passierte. Ich glaube, dass ich zuerst weglaufen wollte, zurück in den Park. Aber irgendwie hatte ich in diesem Moment keine Angst, nur Wut.

Ich winkte mit beiden Armen. Wahrscheinlich hätten sie mich auch so bemerkt, aber jetzt kamen sie auf alle Fälle mit großer Geschwindigkeit auf uns zu. Ich sprang rückwärts und zog Vincent mit mir.

Das Moped quietschte und rutschte, als Lucas anhielt. Evert und er nahmen gleichzeitig den Helm ab.

„Da haben wir ja unseren zurückgebliebenen Hosenscheißer!" Lucas schaute mich voller Verachtung an. Er hatte die Augen zu Schlitzen zusammengezogen und ließ die Mundwinkel nach unten hängen.

„Was …", setzte ich an, aber ich bekam keine Gelegenheit, meinen Satz zu Ende zu sprechen.

„Halt die Schnauze, widerlicher Knirps. Kleines, mickriges Ekel." Ich öffnete wieder den Mund, um etwas zu sagen. Aber Lucas gab mir überhaupt keine Chance. „Du hast noch weniger Kraft in den Muskeln als eine Ameise", sagte er. Seine Stimme hörte sich scharf an. „Du bist noch zu schlaff, um einem alten Weib die Tasche wegzunehmen."

„Überhaupt nicht. Ich konnte nichts dafür!", schrie ich. „Und dass ihr meine Großmutter von der Leiter geschubst habt, werde ich euch nie verzeihen. Ihr könnt mich ruhig Hosenscheißer nennen. Aber ihr seid völlig verrückt. Gefährliche Idioten seid ihr. Sie hätte tot sein können. Tot. Hört ihr?"

„Wovon redet er?", fragte Evert. Er saß noch immer auf dem Gepäckträger.

„Stell dich nur dumm!", schrie ich. „Denk nur nicht, dass ich verrückt bin!"

Lucas kratzte sich am Kinn. Er sah abwesend aus, als ob er nachdachte. Dann lächelte er. „So", sagte er langsam. „Und du behauptest, dass wir deine Oma von der Leiter geschubst haben."

Im Moment war ich verwirrt. War es vielleicht doch ein Unfall gewesen, genau wie Roos erzählt hatte? Aber Lucas lächelte wieder. Es war ein kaltes, gemeines Lächeln.

„Pass nur auf, dass nicht noch mal so was mit deiner Oma passiert. Du hast schon recht: Sie hätte tot sein können."

„Ich will zu Mama", sagte Vincent plötzlich. Ich drehte mich zu ihm um. Er sah ängstlich und verletzlich aus.

„Das hat noch gefehlt", rief Lucas. „Hühnerknochen ist Kindermädchen geworden, er geht mit seinem kleinen Bruder spazieren."

Ich nahm Vincent an die Hand. „Ich will zu Mama", sagte er wieder und ich hörte an seiner Stimme, dass er bald losheulen würde.

Lucas fuhr langsam auf uns zu. „Hör mal", sagte er und nickte entschlossen mit dem Kopf. „Heute Abend um sieben bist du wieder am Brunnen. Du bekommst noch eine Chance."

„Rutsch mir den Buckel runter", sagte ich. „Ich mach nicht mehr mit."

„Blödes Rindvieh." Lucas spuckte die Worte fast aus. „Das tut dir noch leid." Er startete das Moped, setzte den Helm auf und schaute Evert an. Der hatte seinen Helm schon aufgesetzt. Lucas fuhr noch etwas näher auf uns zu und dann passierte es: Er schnappte sich Vincent, zerrte ihn vor sich auf das Moped und gab Vollgas.

Ich blieb wie angewurzelt stehen und schaute ihnen nach. Ich hörte Vincent kreischen. Ich konnte es kaum fassen, aber sie hatten ihn wirklich mitgenommen.

„Vincent!", schrie ich. „Vincent!"

Dann rannte ich hinter dem Moped her. Aber es war sinnlos. Ich sah, wie es im Verkehrsgewühl verschwand. Ratlos blieb ich stehen und zitterte am ganzen Körper. Was würde mit Vincent passieren? Würden sie ihn entführen? Was sollte ich machen?

Nach einiger Zeit hörte ich erneut das Geräusch eines Mopeds und das Kreischen eines kleinen Kindes. Sie kamen wieder.

Lucas hielt direkt vor mir und hob Vincent vom Moped. Er tat es so wild, dass der Junge kopfüber auf dem Boden landete und noch schlimmer brüllte als vorher. Ich hob ihn auf, zog ihn zu mir und nahm ihn in die Arme.

Lucas schaute mich an. „Das sollte dir eine Lehre sein", sagte er. Er drehte den Lenker und stellte den linken Fuß auf das Pedal. „Heute Abend um sieben am Brunnen."

Ich konnte Vincent nicht beruhigen. Ich überlegte, dass er noch nicht gut genug sprechen konnte, um seiner Mutter zu erzählen, was vorgefallen war. Gott sei Dank!

Ich ging mit ihm nach Hause und sagte, dass er hingefallen wäre. Während er getröstet wurde, schimpfte Mama mit mir, weil ich nicht besser aufgepasst hatte.

Ich flüchtete in mein Zimmer, schloss die Tür ab und weinte.

Ich hatte mir vorgenommen, an diesem Abend nicht zum Brunnen zu gehen. Was konnte schon passieren, wenn ich nicht aufkreuzte?

Roos war nicht in der Stadt, ihr konnten sie also nichts antun.

Vincent? Sie dachten, er wäre mein Bruder. Aber Vincent war nicht mein Bruder, sondern ein Kind, das mindestens zwanzig Kilometer von hier entfernt wohnte.

Erst als meine Mutter mich zum Essen rief, ging ich nach unten. Schweigend löffelte ich meine Suppe und verschwand gleich nach dem Nachtisch wieder in mein Zimmer.

Ich las ein bisschen, machte meine täglichen Flöten-übungen und versuchte an nichts zu denken. Aber immer wieder schaute ich auf meine Uhr. Viertel vor sieben ... Dreizehn Minuten vor sieben ... Zwölf Minuten vor sieben. Je näher der Zeiger an die Sieben heranrückte, desto unruhiger wurde ich. Was würden sie tun, wenn sie feststellten, dass ich nicht auftauchte?

Komisch. Als sieben Uhr vorbei war, wurde ich wieder ruhiger.

Jetzt war es so weit. Jetzt mussten sie kapieren, dass sie umsonst warteten.

Gegen halb acht fiel mir ein, dass sie wahrscheinlich anrufen würden. Ich ging nach unten und legte den Hörer neben das Telefon.

Ich fühlte mich erstaunlich zufrieden. Wenn ich sie überlisten konnte, würden sie mich vielleicht in Ruhe lassen.

Ich schaute vorsichtig ins Wohnzimmer. Es war niemand da. Ich ging rein. Durch das Fenster sah ich, dass Mama im Garten war und die Wäsche von der Leine holte. Ich nahm zwei Kekse aus der Dose und steckte sie hintereinander in den Mund. Dann machte ich mich auf die Suche nach noch mehr Süßigkeiten. Aber wenn Mama auf ihre Linie achtet, ist meistens nichts im Haus. Eigentlich ist das ungerecht. Schließlich macht sie eine Diät, nicht ich. Es wäre viel besser, eine Mutter zu haben, die sich zu dünn findet.

Ich nahm die Packung mit Schokoladenstreuseln aus dem Küchenschrank und schüttete mir einen Haufen auf die Hand. Ich schleckte die Streusel auf und spülte meine klebrige, braune Hand unterm Wasserhahn ab.

Als ich sie abtrocknete, klingelte es. Mama war noch im Garten.

Ich ging also in den Flur und öffnete die Tür. Dann wurde mir schwindlig. Ich spürte ein Stechen im Kopf. Mir wurde schwarz vor Augen. Ich sah Sterne.

Ich wollte die Tür zuschlagen, aber Lucas stemmte den Fuß dazwischen.

„Verschwinde!", schrie ich.

„Komm!", sagte Lucas. „Und gib keinen Muckser von dir."

Er hatte ein Messer in der Hand.

Ich war unfähig, irgendetwas zu sagen. Lucas schlug einen Arm um meine Schulter und zog mich mit sich. Wir gingen durch die Straße, als ob wir die besten Freunde wären. An der Ecke wartete Evert auf uns. Er sagte nichts. Aber als ich in seine Nähe kam, spuckte er mir ins Gesicht.

An diesem Abend habe ich wieder eine Frau beraubt. Am Abend danach wieder. Und am nächsten Abend noch einmal.

10.

Eines Morgens – ich weiß nicht mehr, welcher Tag es war – tat mein ganzer Körper weh, als ich aufwachte. Es kam mir vor, als ob ich geschlafen hätte ohne auszuruhen, ohne mich zu entspannen. Die Sonne schien durch die Gardinen. Ich hörte den Radiowecker meiner Mutter. Ein neuer Tag hatte angefangen.

Aber ich konnte nicht mehr. Ich wollte nur schlafen. Wenn ich schlief, musste ich nicht denken.

Ich schlief tatsächlich wieder ein, denn später wurde ich wach, weil meine Mutter die Decke wegzog.

„Steh auf, Alex. Sonst kommst du noch zu spät zur Schule."

Ich blieb mit geschlossenen Augen und einem ganz schweren Körper liegen. Ich hörte meine Mutter sprechen, aber es drang nicht zu mir durch, was sie sagte.

Später, ich weiß nicht, ob es viel später oder kurz danach war, wurde ich wach, weil sich jemand über mich beugte und seine Hand auf meine Stirn legte. Ich sah einen Mann, den ich nicht sofort erkannte. Dann fiel mir ein, dass es unser Hausarzt war.

„So, bist du endlich aufgewacht?", sagte er. „Schieb den Schlafanzug mal hoch." Er hörte mein Herz und meine Lungen ab. Er schaute sich meine Zunge an und maß meinen Blutdruck.

Mama stand besorgt neben ihm.

Der Arzt schaute mich eingehend an. Er schob mit zwei Fingern meine Augenlider nach unten. „Hast du Schmerzen?", fragte er.

Ich zuckte die Achseln.

„Gehst du oft spät ins Bett?"

Ich gab keine Antwort. Ich wusste zwar, dass der Arzt neben meinem Bett stand, aber ich nahm ihn nicht richtig wahr.

Ich kann mich auch nicht daran erinnern, dass er aus dem Zimmer gegangen ist. Ich fühlte mich wie von einer Wolke eingehüllt. Alles war weich und warm um mich herum. Alles war verschwommen und weit, weit weg.

Von Mama erfuhr ich später, dass ich den ganzen Tag geschlafen habe. Als ich endlich die Augen aufmachte, saß sie am Fenster. Sie las in einem Buch, aber sie merkte sofort, dass ich wach war. Sie kam zu mir und lächelte mich an. Nur ihr Mund lachte. Ihre Augen hatten einen besorgten Blick. „Hallo", sagte sie gespielt fröhlich. „Du hast bestimmt Hunger."

Ich schüttelte den Kopf.

„Du musst aber was essen. Ich werde dir eine Kleinigkeit machen. Worauf hast du denn Appetit?"

Ich drehte meinen Kopf von ihr weg und starrte an die Wand. Ich wollte zurück in die Wolke.

Ich kniff beide Augen zu. Mama stand noch eine Weile neben meinem Bett, dann hörte ich, dass sie ging.

Ich schlief wieder ein. Und als ich endlich aufwachte, war es Nacht. Ich lauschte eine Weile, ob ich Geräusche im Haus hörte. Es war still. Ich machte die Nachttischlampe an und schaute auf die Uhr. Es war fünf vor drei. Neben meinem Bett standen ein Glas Milch und ein Teller mit Knäckebroten. Ich richtete mich auf, trank zuerst die Milch und aß dann die Knäckebrote. Es war Schokoladencreme mit Erdnüssen darauf.

Nach vierundzwanzig Stunden Schlaf war die Wolke verschwunden. Wie sehr ich mich auch anstrengte, sie blieb weg und ich konnte sie nicht zurückholen.

Mama brachte mir Leckerbissen und fragte immer wieder, was los sei. Ich zuckte mit den Schultern und versuchte ihrem Blick so gut es ging auszuweichen.

Mit Papa hatte ich mehr Probleme. Ich hörte gerade eine CD und hatte die Musik so laut aufgedreht, dass ich ihn nicht kommen hörte. Plötzlich stand er neben meinem Bett. Er nahm mir den Kopfhörer ab.

„Hallo", sagte er und lachte, weil ich erschrak. „Rutsch mal rüber." Er setzte sich auf die Bettkante.

„Du liegst hier wie ein König. Wird es nicht langsam Zeit, wieder aufzustehen?"

Ich schüttelte den Kopf. „Ich möchte liegen bleiben."

Papa schaute sich schweigend in meinem Zimmer um. Er kam selten in mein Zimmer. Früher, als er mir noch Gute-Nacht-Geschichten erzählte, war das anders gewesen.

Er stand auf, ging zum Regal und schaute sich meine Skelettsammlung an. Mit den Händen in den Hosentaschen beugte er sich über die Vogelskelette. „Was willst du bloß mit diesem Zeug?"

Ich wurde böse, verkniff es mir aber, zu antworten.

Dann sah er sein Fernrohr auf der Fensterbank. „Was machst du damit?"

„Sterne beobachten."

„Sterne be…" Papa fand das wohl ziemlich witzig, denn er lachte laut. „Das kann doch nicht dein Ernst sein, Alex."

„Warum denn nicht?" Meine Stimme klang schrill.

„Schon gut, reg dich nicht auf", sagte Papa beschwichtigend. „Aber mir kannst du nicht vormachen, dass man mit einem normalen Fernrohr Sterne beobachten kann."

„Ich hab nun mal kein Teleskop", schnauzte ich.

„Ich hatte überhaupt keine Ahnung, dass du dich dafür interessierst", sagte Papa. Und ich konnte an seiner Stimme hören, dass es schiefgehen würde.

Also gut, dann sollte er wütend werden. Ich wurde auch immer wütender. Papa setzte sich wieder auf die Bettkante. „Erzähl mir mal", fing er an. Er versuchte ruhig zu bleiben. „Was ist los mit dir? Der Arzt meinte, dass du dir über irgendetwas Sorgen machst."

Ich gab keine Antwort. Ich konnte seinen Blick nicht ertragen. Er stupste mich gegen die Schulter. „Komm jetzt, Junge. Schau mal, du kannst deinem Vater doch alles erzählen."

Ja, dachte ich, erzählen schon. Aber dann?

Weil ich noch immer nicht antwortete, versuchte Papa es auf eine andere Art. „Hast du Probleme in der Schule?"

Klar, Erwachsene denken immer zuerst an die Schule.

„Oder schlägt dir etwas anderes auf den Magen? Doktor de Wit sagt, dass du körperlich so gesund wie ein Fisch im Wasser bist."

Ich zuckte wieder mit den Schultern. Aus der Küche stieg der Duft von Bohnen und gebratenem Fleisch nach oben.

Papa strich sich über den Kopf und seufzte. „Also gut, Junge. Wenn du nichts sagen möchtest … in Ordnung. Aber jetzt stehst du auf und morgen gehst du wieder zur Schule."

„Nein", sagte ich leise.

„Was heißt hier nein?", rief Papa aufgebracht.

„Ich stehe nicht auf."

„Du bist nicht krank. Du willst nicht sagen, was los ist. Dann hast du auch keinen Grund, am helllichten Tag im Bett zu liegen."

Mama kam die Treppe hoch. „Das Essen ist fertig", rief sie. In der Tür blieb sie stehen. „Kommst du nach unten zum Essen, Alex?"

„Natürlich isst er unten", antwortete Papa. „Du sollst das Kind nicht ständig verhätscheln."

„Was soll das bedeuten?", rief Mama.

Papa zog mir die Decke weg und fasste mich am Arm. „Du gehst jetzt unter die Dusche und dann kommst du nach unten."

Ich versuchte mich loszureißen.

„Was ist denn los?", rief Mama. „Jaap? Was machst du? Lass den Jungen los!"

„Halt dich da raus." Papa zerrte mich aus dem Bett und zog mir den Schlafanzug über den Kopf. „Dem Jungen fehlt nichts. Wenn er Probleme hat, kann er mit uns darüber sprechen, und wenn er meint, dass er seine Sachen selbst regeln kann, dann soll er es tun. Er ist kein kleines Kind mehr, das mit uns Verstecken spielen kann."

Verstecken spielen.

Ich erschrak bei diesen Worten so sehr, dass ich mich ohne Gegenwehr zur Dusche schieben ließ.

Ich zog mich weiter aus und drehte den Wasserhahn auf.

Das Wasser strömte über meinen Kopf. Ich dachte, ich wäre krank. Ich war nicht krank. Ich wollte krank sein. Und Papa hatte es haargenau gespürt.

Ich verbrachte den Rest des Abends unten. Ich war sogar draußen.

Das Essen verlief ziemlich zäh. Papa war immer noch wütend und sagte kein Wort. Mama schwieg auch. Wahrscheinlich wollte sie nicht, dass es Streit gab. Ich stocherte auf meinem Teller herum. Mir wurde schlecht von dem Geruch.

Ich schielte zu Papa und Mama rüber. Papa, der es nicht ausstehen konnte, wenn man weich und schwach war, Mama, die keine Probleme haben wollte.

Wie konnte ich ihnen jemals sagen, was los war? Nach dem Essen lümmelte ich im Wohnzimmer rum. Ich schaute etwas fern und las alle Programmankündigungen für die kommende Woche.

Nach der Tagesschau um Viertel nach acht sagte Papa plötzlich ganz fröhlich, als ob er die Lösung gefunden hätte: „Weißt du was, Alex? Wir joggen zusammen eine Runde."

Er lachte, als er mein Gesicht sah. „Komm, zieh deine Turnschuhe an. Du wirst sehen, nachher fühlst du dich wie neugeboren."

„Ich würde lieber …", warf ich ein.

„Na los, beeil dich", sagte Papa.

„Aber Jaap, du weißt doch, dass Alex nicht …“, sagte Mama.

„Du sollst ruhig sein!“, schrie Papa. „Du behandelst ihn wie ein weiches Ei. Ein bisschen Sport hat noch niemandem geschadet. Oder hast du was dagegen, dass Vater und Sohn zusammen eine Runde drehen? Also? Komm, Alex, zieh dich um.“

Und er nahm drei Stufen gleichzeitig, als er die Treppe hochrannte.

Wir gingen also zum Sportplatz. Papa hat eine ausgezeichnete Kondition. Während ich mich auf einer Bank ausruhte, lief er noch drei weitere Runden, machte eine Reihe Kniebeugen und sprang über Baumstämme.

Nachher gingen wir in die Sportgaststätte, um etwas zu trinken.

Papa nickte mir über seinem Glas Mineralwasser zu. „So etwas sollten wir öfters zusammen machen“, sagte er. „Meinst du nicht auch?“

Ich schwieg.

Als wir nach Hause kamen, wiederholte Papa ausdrücklich, dass ich am nächsten Tag zur Schule musste. Aber als Mama mich morgens wecken wollte, machte ich die Augen nicht auf.

Sie rüttelte mich. „Alex, steh auf.“

Ich wusste, dass Papa schon weg war.

„Alex, komm jetzt!“

Ich stöhnte. „Ich bin krank." Ich öffnete meine Augen einen Spalt weit. Ich sah an Mamas Gesicht, dass ich gewinnen würde.

„Du hast mit Papa ausgemacht, dass du heute zur Schule gehst", sagte sie.

„Schon, aber jetzt bin ich krank."

„Was fehlt dir denn? Der Arzt sagt, dass alles in Ordnung ist."

„Er hat keine Ahnung."

„Alex! Du schwindelst mich an. Komm, stell dich nicht so an."

„Mir tut alles weh. Ich habe Fieber."

Sie legte ihre Hand auf meine Stirn. „Du hast kein Fieber."

„Doch, habe ich!"

Sie zögerte. „Also gut. Ich hole das Fieberthermometer. Aber wenn du kein Fieber hast, kommst du sofort aus dem Bett."

Sie ging ins Bad und holte das Thermometer. Ich nahm es ihr aus der Hand. „Ich mache es selbst", sagte ich. Ich versuchte heiser zu sprechen, als wenn ich mich erkältet hätte. „Bitte, Mama, geh nach unten."

Ich wartete, bis sie die Treppe runtergegangen war. Leise stieg ich aus dem Bett und ging zum Waschbecken. Ich drehte den Warmwasserhahn auf und hielt das Thermometer unter den Strahl. Das Quecksilber stieg schnell. Dann drehte ich den Hahn zu und las die

Temperatur ab: 39,5. Ich schlich ins Bett und kroch unter die Decke. Gerade rechtzeitig, denn ich hörte Mama nach oben kommen.

Ich steckte das Thermometer in den Mund.

So gelang es mir, noch einen Tag länger im Bett zu bleiben. Hin und wieder döste ich ein. Sonst tat ich nichts. Irgendwo in meinem Hinterkopf wusste ich, dass ich diesen Tag nutzen musste, um eine Lösung zu finden. Ende nächsten Monats fingen die Sommerferien an. Wir würden drei Wochen in Frankreich zelten. Das bedeutete, dass ich einige Wochen von Lucas und Evert erlöst wäre. Nur einige Wochen … Könnte ich nur in Frankreich bleiben!

Ich wünschte mir die Wolke herbei. Wenn ich ruhig auf dem Rücken liegen blieb, einen bestimmten Punkt an der Wand fixierte und meine Gedanken für alles sperrte, gelang es mir, für kurze Zeit wegzuschweben.

Ich hörte das Telefon klingeln und erstarrte. Angespannt bis in die Zehen wartete ich, ob Mama rufen würde. Sie rief nicht. Ich hörte sie aufgeregt sprechen. Ich konnte nichts verstehen, aber es war klar, dass sie nicht Lucas oder Evert an der Strippe hatte.

Ich entspannte mich wieder und versank in eine Art Niemandsland. Ich schrak auf, als Mama hereinkam und mir eine Tasse Fleischbrühe und ein Schüsselchen mit Butterkeksen brachte.

„Hast du geschlafen?", fragte sie.

„Ich glaube."

„Oma hat gerade angerufen. Ich soll dir viele Grüße bestellen."

„Roos?" An Roos hatte ich schon lange nicht mehr gedacht. Ich wollte auch nicht an sie denken, weil es mir Schmerzen bereitete. Ich starrte die Wand an. Wo blieb die Wolke bloß?

Mama räumte den kleinen Tisch neben meinem Bett auf und stellte die Brühe und die Butterkekse darauf.

„Oma kommt Sonntag wieder nach Hause. Sie möchte, dass du sie besuchst, aber ich habe gesagt, dass du krank bist."

Ich gehe nicht zu Roos. Fast hätte ich es laut gesagt. Aber wenn Mama von meinem Streit mit Roos gewusst hätte, hätte sie bestimmt vermutet, dass meine Probleme mit ihr zu tun hatten.

Unerwartet legte Mama wieder ihre Hand auf meine Stirn.

„Montag gehst du wieder zur Schule", sagte sie entschieden. So entschieden, wie ich es von ihr nicht gewöhnt bin.

11.

Montag … bis Montag dauerte es noch lange. Jetzt war
erst Freitag. Nachmittags kamen Mamas Freundinnen.
Meine Tür war zwar zu, aber hin und wieder hörte ich
einen Aufschrei, gefolgt von vielen aufgeregten Stimmen. Manchmal wurde gelacht.

Sie hätten lieber zum Trimm-dich-Pfad gehen sollen.
Ich hatte den Eindruck, dass sie nur gemütlich zusam-
mensitzen wollten. Die Sorge um die schlanke Linie
war nur ein Vorwand.

Ich hatte leichte Kopfschmerzen. Komisch. Wenn
man lange im Bett liegt, wird man immer lustloser. In
dieser Hinsicht hatte Papa recht. Ein bisschen Sport
hätte mir gutgetan. Manche Menschen wollen sich
immer bewegen, während andere lieber in Ruhe ein
Buch lesen. Warum ist das so? Menschen sind eben
sehr unterschiedlich. Wenn alle gleich wären … Wie
würde die Welt dann aussehen? Ich versuchte es mir
vorzustellen. Es würde keinen Streit geben, denn alle
würden sich verstehen. Alle hätten die gleiche Mei-
nung, die gleichen Wünsche, die gleiche Beschäfti-

gung. Solch eine Welt schien mir ideal. Aber als ich länger darüber nachdachte, kam ich zu dem Schluss, dass es eigentlich unmöglich war, dass jeder das Gleiche tat. Wenn alle Menschen gerne lesen würden, könnten sie trotzdem nicht gleichzeitig das gleiche Buch lesen. Und stell dir vor, alle Menschen würden gerne kochen, dann würde jeder Koch werden. Aber es musste ja auch Handwerker und Ärzte und Busfahrer geben.

Ich grinste. Roos würde dazu bestimmt etwas Tolles einfallen. Stell dir vor, dass alle Menschen am gleichen Tag Geburtstag hätten und Kuchen verteilten. Das würde ein riesiges Fressfest werden. Jeder hätte für jeden Geschenke. Ganz schön verwirrend. Vielleicht würde man die Geschenke vertauschen und sich streiten. Oder auch nicht. Denn jeder hätte sogar das gleiche Geschenk gekauft und jeder würde sich über das gleiche Geschenk freuen. Mir machte es zunehmend mehr Spaß, darüber nachzudenken. Wenn alle Menschen gleichzeitig krank wären, wäre das schlecht, denn dann wären die Ärzte ja auch krank. Und wenn alle gleichzeitig sterben würden ... würde die Menschheit untergehen.

Sonntag, übermorgen also, würde Roos wieder nach Hause kommen. Ich presste die Lippen aufeinander. Warum sollte ich sie besuchen? Sie könnte auch zu mir kommen! Wollte ich überhaupt zu ihr? Oder war ich immer noch böse? Warum vertraute sie mir nicht? Eine Stimme tief in mir sagte, dass Roos vielleicht doch die Wahrheit gesagt hatte. Wieso sollte sie mich anlügen?

Bis Montag dauerte es noch lange, aber bis Sonntag zum Glück auch.

Es klingelte an der Haustür, aber ich achtete kaum darauf. Natürlich hatte sich eine von Mamas Freundinnen verspätet. Ich drehte mich gerade mit dem Rücken zur Tür, als ich Gepolter auf der Treppe hörte. „Erste Tür links", hörte ich Mama sagen.

Wer wollte mich besuchen? Neugierig drehte ich mich wieder zur Tür.

Evert kam rein.

Ich konnte es kaum fassen. Ich richtete mich auf, stützte mich auf die Ellbogen und starrte ihn an.

„Was machst du hier?", fragte ich schließlich.

Er blieb stehen, schaute sich im Zimmer um und machte leise die Tür hinter sich zu. „Du bist nicht besonders freundlich", sagte er. Seine Haare hingen in Strähnen vor seinen Augen. Er trug ein rosafarbenes T-Shirt und sah noch babyhafter aus als sonst. Nicht wie jemand, der einem Angst macht. Wenn er nur nicht so dumm aus der Wäsche geguckt hätte. Er lehnte sich mit dem Rücken an die Tür. „Wie geht's dir, Hühnerknochen?" Ich antwortete nicht, aber alle möglichen Gedanken zuckten mir durch den Kopf. War ich denn nirgends mehr sicher?

Er schnaufte und wischte sich mit dem Handrücken die Nase ab. Dann sah er die Kekse, die Mama neben mein Bett gestellt hatte. Er zog das Schüsselchen zu sich rüber und steckte vier Kekse gleichzeitig in den Mund. Als er den fünften, den letzten, in sich reinstopfen wollte, überlegte er es sich anders. „Möchtest du auch einen?" Er hielt den Keks vor meine Nase.

„Was machst du hier? Was willst du von mir?"

„Ich mache einen Krankenbesuch", antwortete Evert und steckte den letzten Keks in den Mund.

Ich staunte nicht schlecht.

Er wischte sich achtlos die Krümel von den Lippen. „Ich habe gestern Abend bei euch angerufen und von deiner Mami erfahren, dass du krank bist. Also hab ich mir gedacht: Dann besuche ich dich mal. Wir sind schließlich gute Freunde. Jedenfalls habe ich das deiner Mutter gesagt."

Er war nicht so dumm, wie er aussah. Er war sogar sehr schlau. Und gefährlich. Ich setzte mich auf die Bettkante, damit ich, falls nötig, aus dem Zimmer rennen konnte. Evert stand nicht mehr an der Tür. Außerdem konnte ich schreien.

„Was fehlt dir? Ich glaube nicht, dass du krank bist. Du liegst nur faul im Bett herum und machst blau."

„Doch bin ich krank", quietschte ich. Mein Herz schlug wild, mir war heiß und ich hatte Magenschmerzen. Ich fühlte mich wirklich krank.

„Och, du Armer", sagte Evert. „Wenn ich das gewusst hätte, hätte ich dir ein Blumensträußchen mitgebracht. Aber das kann ich ja beim nächsten Mal nachholen."

„Wieso beim nächsten Mal? Was willst von mir? Warum lässt du mich nicht in Ruhe?" Der Schweiß lief mir den Rücken runter. „Warum habt ihr es auf mich abgesehen? Ich hab euch doch nichts getan!"

Evert ging im Zimmer auf und ab. Er schaute sich meine CDs an, nahm das Fernrohr von der Fensterbank und richtete es auf die gegenüberliegenden Häuser. Dann sah er meine Skelettsammlung. Ich hielt den Atem an. Ich befürchtete, dass er etwas kaputt machen würde. Aber er war nicht besonders interessiert.

Er stellte sich wieder an die Tür. „Hör mal", sagte er betont freundlich. Ich war auf alles gefasst. „Was ich zu deiner Mutter gesagt habe, stimmt eigentlich auch. Wir sind doch Freunde? Wir waren doch zusammen in der Klasse bei Frau Leinen. Erinnerst du dich? Frau Leinen mit den dicken Beinen?" Er lachte. „Ich habe über uns nachgedacht. Ich finde es gemein, dass Lucas dich Handtaschen klauen lässt."

Worauf wollte er hinaus?

„Wirklich, ich finde es hundsgemein. Ich werde ihm sagen, dass damit Schluss sein muss. Weil du mein Freund bist. Er wird schon jemanden finden, der diese Arbeit für ihn erledigen kann." Er steckte die Hände in die Taschen seiner Jeans und lehnte den Kopf zurück.

Ich wusste nicht, wie mir geschah. Einige Sekunden lang dachte ich, dass er es ernst meinte. Dass es ihm leid tat. Dann erst kapierte ich, dass er mich reinlegen wollte. Ich versuchte ruhig zu bleiben und fragte mich, ob er vielleicht auch ein Messer hatte wie Lucas.

„Hör mal zu", sagte Evert. Er stand breitbeinig vor mir. Das war mir unheimlich. Ich stellte mich auch hin.

„Ich werde dafür sorgen, dass Lucas dich in Ruhe lässt. Er hat dich lange genug schikaniert, der Dreckskerl. Als Dank dafür bekomme ich von dir jede Woche fünfhundert Euro. Oder … sagen wir … vierhundert Euro. Wir sind schließlich Freunde."

Ich starrte ihn an. Mein Mund öffnete sich wie von selbst und ich sagte: „Du spinnst."

„Wieso?" Evert stand kerzengerade. „Pass auf, was du sagst! Du bist wohl nicht ganz gescheit. Vierhundert Euro! Weißt du, wie viele Taschen du dafür klauen musst? Eine! Höchstens zwei! Zwei Taschen pro Woche, dann hast du das Geld schon zusammen. Und ich wette, dass dir noch was übrig bleibt. Das kannst du selbst behalten. Von mir aus kannst du zehn Taschen klauen, das ist deine Sache. Hast du dir schon mal überlegt, was man mit so viel Geld alles machen kann?"

Ich musste an eine Schildkröte denken. Ich wollte eine Schildkröte sein. Und Kopf und Beine einziehen. Dann könnte man mich treten, auf meinen Panzer trampeln, aber ich wäre in Sicherheit.

Ich wollte … vieles ging mir durch den Kopf. Wenn ich jetzt runterrennen würde, ins Wohnzimmer, zu Mama und ihren feinen Freundinnen … Wenn ich mich mitten ins Zimmer stellen und schreien würde. Ganz laut schreien, ganz lange schreien.

Ich fing an zu heulen, obwohl ich es nicht wollte.

„Flasche", sagte Evert. Er öffnete die Tür und rannte die Treppe runter. Ich hörte, wie die Haustür hinter ihm zuschlug.

Als Papa abends nach Hause kam, wurde alles nur noch schlimmer. Mama hatte erzählt, dass ich noch krank war, und darauf fiel er natürlich nicht rein. Er kam sofort nach oben gestürmt. „Warum liegst du noch immer im Bett?"

„Heute Morgen hatte ich Fieber."

„Fieber!", sagte Papa herablassend. „Gestern Abend war es dir pudelwohl."

„Na und? Heute Morgen hatte ich Fieber."

Papa ging mit großen Schritten ins Bad. Ich hörte, dass er das Arzneischränkchen öffnete. Er kam mit dem Thermometer zurück. „Mach den Mund auf!"

Ich hatte jetzt keine Möglichkeit, das Thermometer unter heißes Wasser zu halten, denn Papa blieb im Zimmer. Er ging auf und ab. Genau wie manche Tiere im Zoo. Wir sprachen kein Wort, bis es Zeit war, die Temperatur abzulesen.

Papa ging mit dem Thermometer ans Fenster.

„So!", sagte er. „Und jetzt zähl ich bis drei und dann fliegst du aus dem Bett."

Ich rührte mich nicht.

„Hast du mich verstanden?"

Ich rührte mich immer noch nicht.

Papa kam auf mich zu.

„Du hast überhaupt keine Ahnung von mir!", schrie ich plötzlich.

„Ist das vielleicht meine Schuld?", schrie Papa zurück. „Du machst den Mund nicht auf. Wie soll ich dann wissen, was mit dir los ist?"

„Du arbeitest immer oder gehst zum Sportplatz …"

Ich warf ihm Sachen vor, die mich normalerweise kaum interessierten. Mir war klar, dass ich sie nur als Vorwand benutzte, um mich dahinter wie hinter einer Wand zu verstecken.

„Wenn du mich brauchst, bin ich für dich da!", schrie Papa. „Aber zu albernen Scherzen bin ich nicht aufgelegt. Du bist überhaupt nicht krank. Du liegst im Bett, weil du nicht zur Schule willst. Deine Mutter kannst du zum Narren halten, aber mich nicht. Was bist du für ein Kerl? Als ich so alt war wie du …"

Ich weiß nicht mehr, was er noch alles aufgezählt hat. Ich weiß nur, dass ich seinen Erwartungen nicht entsprach.

Aber das hatte ich schon lange gewusst.

12.

Was machte es für einen Unterschied. Ob ich nun zu Hause war oder auf der Straße ... Ich war sowieso nirgendwo mehr sicher. Also fuhr ich am nächsten Tag mit meinem Fahrrad los. Ich wusste nicht, wohin. Ich radelte nur etwas durch die Gegend. In der vergangenen Nacht hatte ich wieder kaum geschlafen, aber das war vielleicht nicht besonders erstaunlich, nachdem ich drei Tage im Bett verbracht hatte.

Der Himmel war blau, vergissmeinnichtblau. Es würde bestimmt sehr schönes Wetter werden.

Am Abend zuvor hatte Papa sich noch ganz spät auf meine Bettkante gesetzt. „Wie wird denn dein Zeugnis?", fragte er.

„Gut", sagte ich. Nach den Ferien würde ich auf das Gymnasium gehen.

Papa nickte zufrieden. „Ich habe mit Mama gesprochen. Wenn dein Zeugnis in Ordnung ist, bekommst du von uns ein Teleskop."

Mein Herz hüpfte vor Freude. „Toll", sagte ich. Was hätte ich sonst noch sagen sollen? Ich würde ein gutes

Zeugnis haben, also würde ich auch das Teleskop bekommen.

Später, als Papa schon wieder unten war und ich mich eine Weile wahnsinnig auf das Teleskop gefreut hatte, fiel mir plötzlich ein, dass ich es nie bekommen würde, wenn Papa wüsste, was ich in letzter Zeit alles angestellt hatte.

Ich radelte immer weiter, bog mal nach links, mal nach rechts ab, als ob ich ferngesteuert würde wie die kleinen Boote, mit denen ich früher gespielt hatte.

Was sollte ich mit einem Teleskop? Im Gefängnis konnte ich nichts damit anfangen.

Dann passierte es. Ich bemerkte zu spät, dass ich in eine Straße einbog, die für den Verkehr gesperrt war.

Ich riss plötzlich den Lenker rum und rutschte dabei aus. Meine Knie scheuerten über das Pflaster. Der Lenker stieß mir in den Magen. Die Zähne schlugen auf meine Unterlippe. Das Rad fiel auf mich. Alles ging sehr schnell.

Ich blieb liegen. Ein Mann kam auf mich zugelaufen. Er war groß und hatte weißes, welliges Haar. Er hob mein Rad auf und stellte es an einen Pfosten. Dann kniete er sich zu mir. „Kannst du aufstehen?", fragte er freundlich.

Ich schmeckte Blut im Mund und spuckte es auf den Boden.

„Die Lippe blutet", sagte der Mann. „Probier mal, ob du aufstehen kannst. Du hast dir doch hoffentlich nichts gebrochen?"

„Meine Knie", stöhnte ich, während ich mich aufrichtete. Stehen konnte ich zwar, aber meine Hose war kaputt und voller Blutflecken.

„Ist es schlimm?", hörte ich plötzlich eine Stimme.

Auf dem Gehweg stand eine Frau, ganz ruhig und kerzengerade. Sie schaute in unsere Richtung.

Der Mann legte einen Arm um meine Schulter. „Es geht", sagte er. Dann fragte er mich: „Wo wohnst du?"

Ich schaute mich um. Erst jetzt sah ich, wo ich war. „Auf der anderen Seite der Stadt", antwortete ich.

Der Mann schaute auf seine Uhr. „Deine Knie müssen verbunden werden. Hester, können wir das bei dir machen?"

Die Frau nickte.

„Komm", sagte der Mann. „Schließ dein Fahrrad ab."

Das Vorderrad stand schief, aber sonst war nichts kaputt. Ich nahm meinen Fahrradschlüssel.

Meine Knie klopften und brannten. Meine Lippen waren warm und salzig. Ich spuckte wieder Blut aus.

Zum Glück hatten wir keinen weiten Weg. Vor einem Haus mit einer kleinen weißen Treppe blieben wir stehen. Die Frau war die ganze Zeit dicht neben dem Mann gegangen, ging aber jetzt als Erste die Treppe hoch und steckte den Schlüssel in das Schloss. Sie drehte den Kopf zu mir und lächelte. Es war, als ob sie an mir vorbeischaute. „Komm rein", sagte sie. Wir kamen in eine kleine Diele. In einer Ecke neben der Garderobe stand ein weißer Stock mit roten Streifen. Es durchzuckte mich.

Die Frau ging ins Wohnzimmer voraus. Sie streckte ihre Hände nach vorne, als ob sie verhindern wollte, gegen etwas zu stoßen. Entsetzt schaute ich den Mann an. Er wartete, bis Hester aus dem Zimmer ging. Er musste gemerkt haben, dass ich einen Zusammenhang zwischen der Frau und dem Stock vermutete.

Er hob die Schultern. „Ja, sie ist blind", sagte er leise. Er zog den Regenmantel aus, legte ihn über einen Stuhl und stellte seine Aktentasche daneben.

„Komm", sagte er dann lauter. „Zieh mal deine Hose aus, damit ich deine Knie anschauen kann. Oder zeig mir lieber zuerst mal deinen Mund."

Ich ließ ihn das machen, was er für richtig hielt. Er gab mir ein nasses, kaltes Tuch für meine Lippe und machte dann meine Knie sauber. Er sah kräftig aus. Ich meine nicht, dass er starke Muskeln hatte, aber er strahlte etwas aus, sodass man tat, was er sagte, als ob es unmöglich wäre, ihm zu widersprechen. Und gleichzeitig war er sehr nett.

Hester kam wieder ins Zimmer. Sie brachte den Verbandskasten mit, stellte ihn auf den Tisch und öffnete ihn.

„Geht es schon besser?", fragte sie. Sie lächelte wieder. Ihre Augen waren hellgrau, ich hatte noch nie solche Augen gesehen. Ich dachte eigentlich, dass Blinde immer eine dunkle Brille trugen. Es ist doof, aber ich fand sie etwas unheimlich. Ich traute mich nicht recht sie anzuschauen, aber trotzdem tat ich es hin und wieder. Sie war gar nicht unheimlich. Im Gegenteil, sie war sehr schön. Und sie sah auch sehr lieb aus, besonders wenn sie lachte.

Sie war etwa so alt wie Roos. Aber sie sah ganz anders aus. Roos trägt oft lange Hosen mit einem selbst gestrickten Pulli. Aber Hester sah eher wie eine Dame aus. Sie trug eine Bluse mit Rüschen und Ketten und Armreifen, die mit leisem Klirren aneinander stießen, wenn sie sich bewegte.

„Was brauchst du?", fragte sie. „Jod, Pflaster, Schere?"

Sie holte alles aus dem Kasten.

„Das reicht", sagte der Mann. „Möchtest du einen Schluck Wasser, um dich von dem Schrecken zu erholen?"

„Der Junge möchte vielleicht lieber etwas anderes trinken", sagte Hester. „Wie heißt du?"

„Alex."

„Alex ... ein schöner Name. Möchtest du ein Glas Orangensaft?"

Ich nickte, aber dann fiel mir ein, dass sie das nicht sehen konnte.

Mit knallrotem Kopf stammelte ich deshalb, dass ich gerne Saft trinken würde.

Ich schaute ihr nach, als sie in die Küche ging. Sie ließ die Tür auf und ich konnte genau sehen, was sie machte.

Der Mann hatte den Mantel wieder angezogen und seine Tasche genommen. Er gab mir die Hand, eine große warme Hand. „Mach's gut. Ich muss gehen. Ich habe noch eine Verabredung. Kannst du wieder Rad fahren?"

Meine Beine taten zwar noch weh, aber ich glaubte nicht, dass sie mir beim Fahren irgendwelche Probleme bereiten würden.

„Es wird schon gehen", sagte ich. „Vielen Dank!"

Er winkte mir zu und ging zur Küchentür. „Ich geh schon mal vor!", rief er durch die Türöffnung. „In Ordnung?"

„Prima", antwortete Hester. Sie streckte eine Hand hoch. „Ich komme auch bald."

Ich konnte nichts dafür. Ich musste ihr unentwegt zuschauen, wie sie in der Küche beschäftigt war. Ich traute mich nicht zu fragen, ob ich es vielleicht selbst machen sollte.

Sie hatte ein Glas auf die Anrichte gestellt und machte den Kühlschrank auf. Ihre Hand tastete an den Flaschen entlang. Sie nahm den Orangensaft. Sie goss ein, während sie einen Daumen im Glas hielt. Sie schüttete langsam und als der Saft ihren Daumen berührte, hörte sie auf. Sehr schlau, fand ich. Ich schämte mich etwas, weil ich so neugierig war, und wendete den Kopf ab.

Mit dem Glas in der Hand kam Hester wieder ins Zimmer.

„Wo bist du? Noch am gleichen Platz? Komm, setz dich auf das Sofa in die Sonne."

Das Sofa stand am Fenster.

Ein breiter Sonnenstrahl fiel herein und berührte angenehm warm meine Haut.

Hester setzte sich mir gegenüber. „Wie alt bist du?"

„Zwölf."

Sie lächelte wieder. Ich musste sie anschauen, ob ich wollte oder nicht.

„Zwölf. Dann habe ich nicht schlecht geschätzt. Bist du groß oder klein? Ich kann dich nicht sehen, aber das hast du wahrscheinlich schon gemerkt."

Ich überlegte. „Ich weiß nicht", sagte ich. „Normal. Manche Jungen im meinem Alter sind größer, andere kleiner."

Hester nickte. „Und du bist blond und hast blaue Augen."

Ich wurde verlegen. „Woher wissen Sie das?"

„Wieder geraten." Ihre Armreifen klirrten leise. „Manchmal denke ich, dass ich es spüre, dann wieder glaube ich, dass ich es an der Stimme hören kann. Du hast eine helle Stimme. Dazu passt blondes Haar."

Ich nahm mein Glas und trank es in einem Zug aus. Ich hätte Hester gerne einiges gefragt. Ob sie immer schon blind war und ob sie es schlimm fand. Aber ich traute mich nicht.

„Wie ist es passiert? Warum bist du mit dem Fahrrad hingefallen?" Die Sonne schien auf ihr graues Haar.

Ich legte meine Hände auf das Sofa und machte es mir etwas bequemer. Wie war es passiert?

„Ich habe geträumt", antwortete ich.

In Gedanken fuhr ich wieder durch die Straßen und spürte plötzlich erneut die Unruhe und die Angst, die mich schon seit Langem verfolgten.

Hester schwieg eine Weile. Sie hielt den Kopf etwas schräg. Erwartete sie etwa, dass ich noch mehr erzählen würde?

Ich schaute mich im Zimmer um. Dann erst entdeckte ich den Schrank auf der anderen Seite. Es war eine Art Vitrine. Ich konnte nicht genau sehen, was alles drin war, aber ich erkannte auf alle Fälle Tierschädel.

„Ist dein Glas leer?"

Ich nickte. „Ja", sagte ich dann.

Hester tastete mit einem Finger über die Uhr an ihrem Handgelenk. „Alex, ich muss jetzt gehen. Findest du das schlimm?"

Ich stand auf. Neugierig fragte ich: „Sammeln Sie Tierschädel?"

Sie wandte ihren Kopf. „Sammeln? Nein. Aber ich sammle Muscheln. Die Schädel und Skelette haben meinem Mann gehört. Er war früher Tierarzt. Sie standen jahrelang in seiner Praxis. Ich hänge sehr daran." Plötzlich lachte sie laut. „Was hast du gedacht? So eine komische alte Frau mit einem Schrank voller Knochen?"

„Überhaupt nicht!" Ich stotterte fast, so eilig hatte ich es, ihr zu erzählen, dass ich auch Skelette sammelte.

„Wirklich?", sagte sie und schlug die Hände zusammen. „Weißt du was? Du besuchst mich mal, und dann kannst du sie in Ruhe anschauen. Sammelst du auch Muscheln?"

Ich schüttelte den Kopf. Wie oft schüttelt ein Mensch den Kopf, anstatt einfach Nein zu sagen?

„Nein, ich sammle keine Muscheln." Mein Blick glitt wieder zur Vitrine. „Aber ich würde sie mir gerne anschauen."

„Abgemacht!" Hester hatte inzwischen ihren Mantel genommen. „Ich muss jetzt wirklich gehen", sagte sie.

Ich ging mit ihr nach draußen. Hester wandte das Gesicht nach oben, als sie auf der weißen Treppe stand. „Herrliches Wetter", sagte sie. „Ich kann meinen Mantel zu Hause lassen." Sie ging wieder ins Haus, um den Mantel an die Garderobe zu hängen.

Ich schaute in den strahlend blauen Himmel. Ich machte die Augen zu, spürte die Sonne und eine leichte Brise.

Hester schloss die Tür ab. Zusammen gingen wir die Treppe runter.

„So, hier trennen sich unsere Wege", sagte sie. „Alles Gute mit deinem Bein. Tut es noch weh?"

„Es geht schon", sagte ich.

Sie streckte die Hand aus. „Auf Wiedersehen, Alex."

Ich schüttelte ihr kräftig die Hand. „Auf Wiedersehen, eh …" Ich konnte doch schlecht Hester sagen!

Als sie wieder lachte, wurden ihre Augen zu schmalen Schlitzen.

Ich schaute ihr nach, als sie die Straße runterging. Sie hatte ihren Stock dabei und klopfte vor sich den Gehweg ab. Ich sah, dass die Menschen ihr Platz machten. Manchmal drehte sich jemand nach ihr um.

Ich spürte eine eigenartige Aufregung.

13.

Nachdem ich Hester begegnet war, fühlte ich mich
etwas entspannter. Aber nur etwas, denn Evert und
Lucas spukten auch andauernd in meinem Kopf herum. Wenn ich ein Moped hörte, erstarrte ich. Wenn
das Telefon klingelte oder ich die Türklingel hörte,
hielt ich den Atem an und zog den Kopf ein, als ob ich
mich so verstecken könnte.

Aber trotzdem … seit ich Hester getroffen hatte,
konnte ich auch über andere Sachen nachdenken. Ich
war sehr gespannt auf ihre Skelettsammlung. Ich kannte
bis jetzt niemanden, der so wie ich daran interessiert
war. Wie war ihr Mann wohl dazu gekommen? Vielleicht stammten sie von toten Tieren, die er behandelt
hatte, und die zu krank waren, um gesund zu werden.

Ich überlegte, wann ich Hester wieder besuchen
könnte. Ich konnte doch schlecht am nächsten Tag
schon wieder zu ihr gehen. Vielleicht in einer Woche.
Ich überlegte, ob sie sich freuen würde, wenn ich einige
Stücke aus meiner eigenen Sammlung mitnähme. Vielleicht sogar meinen größten Stolz, das Hühnerskelett?

Dann fiel mir ein, dass sie es nicht sehen konnte. Sie müsste es abtasten. Ich konnte mir plötzlich auch vorstellen, warum sie Muscheln sammelte. Sie konnte natürlich sehr gut fühlen, wie unterschiedlich sie waren. Hester war so nett gewesen. Vielleicht hat sie mich so beeindruckt, weil ich noch nie einen blinden Menschen getroffen hatte. Aber die Hauptsache war, dass sie sehr nett war.

Sonntags schlafen Papa und Mama immer aus. Ich bleibe dann meistens auch länger im Bett. Nicht zum Schlafen, sondern um nachzudenken oder mir irgendetwas auszudenken. Oder ich lese. Denn mein Bett ist der schönste Platz, um sich darin mit einem Buch zu verkriechen.

An jenem Sonntag hatte ich aber etwas anderes vor. Um halb neun war ich schon unten. Papa und Mama hatten am Abend zuvor Besuch gehabt. Das Zimmer stank nach Zigarettenrauch. Ich ging in die Küche und öffnete die Außentür ganz weit. Frische Luft strömte herein.

Auf der Anrichte standen klebrige Gläser und ein Aschenbecher voller Zigarettenkippen mit den rosaroten Abdrücken von Lippenstift. In der Holzschüssel lagen noch einige Kartoffelchips. Warum hatten sie nicht alles aufgegessen? Zwischen den Chips lagen Bierdeckel und Holzspießchen.

Ich schob alles zur Seite, nahm ein Brettchen und holte Butter und Käse aus dem Kühlschrank. Im Brotkasten lag eine Tüte mit den sonntäglichen Frühstücksbrötchen. Ich aß ein wenig, trank einen Becher Milch und machte mir einige Brötchen zum Mitnehmen. Auf einen Zettel, den ich gegen die Chipsschüssel lehnte, schrieb ich, dass ich zum Strand gefahren sei.

Denn das hatte ich vor. Ungefähr zehn Kilometer von uns entfernt war das Meer. Manchmal ging ich im Frühjahr oder im Herbst dorthin. Im Sommer eigentlich nie.

Ich mochte die überfüllten Strände nicht, wo jeder Quadratmeter von Menschen beschlagnahmt wurde, die vor Sonnenöl glänzten. Es war wie in einer Fabrik: einreiben und drehen.

Ich wollte auch nicht zum Strand, um mich zu sonnen. Ich wollte Muscheln suchen. Es war noch früh, der Strand würde noch leer sein. Ich freute mich schon, an der Brandung entlangzulaufen. Vielleicht würde ich irgendetwas finden, das von den Wellen angeschwemmt worden war.

Ich nahm mein Rad aus dem Schuppen, pumpte die Reifen auf und klemmte meine Brottüte auf dem Gepäckträger fest. Es war herrlich ruhig auf der Straße. Fast überall waren die Vorhänge noch zu. Ich winkte einem kleinen Kind zu, das im Schlafanzug am Fenster stand. Eine gefleckte Katze überquerte seelenruhig die

Straße. Vor der Imbissbude pickten Spatzen laut zwitschernd in die blassen, kalten Pommes, die auf der Straße lagen. Als ich vorbeifuhr, flogen sie aufgeregt in einen Baum. Ich sollte öfters am frühen Sonntagmorgen rausgehen, dachte ich. Ich war jedoch nicht lange allein auf der Straße. Ich begegnete drei Joggern in kurzen Hosen. Sie waren bestimmt auch jede Woche unterwegs. Vielleicht sogar jeden Tag. Ich musste wieder an den Abend denken, als Papa und ich gejoggt hatten.

Zum Glück hatte er mich nach diesem einen Mal nicht mehr gefragt.

Ich sah auch einige Leute, die ihren Hund ausführten. Jahrelang hatte ich gequengelt, dass ich einen Hund haben wollte, aber Mama war fest entschlossen keinen anzuschaffen. „Jeden Tag muss man einige Male mit ihm rausgehen. Nicht nur, wenn die Sonne scheint, sondern auch, wenn es regnet oder schneit."

„Das kann ich doch machen", warf ich dann ein, obwohl ich ihre Antwort schon kannte. Denn die war auch immer gleich: „Ja? Und wer soll es spät am Abend tun?"

Ich hatte es nicht eilig. Langsam fuhr ich durch unser Viertel. Weit vor mir ging jemand mit einem großen Hund. Das Tier hatte ein dickes Fell, von Weitem sah es aus wie ein Schaf. Ich hatte selten so einen Hund gesehen. Ich überlegte, welche Rasse es sein könnte, und war so mit dem Hund beschäftigt, dass ich nicht auf sein Herrchen achtete. Erst als ich näher kam, sah ich, dass es … Lucas war. Im gleichen Moment sah er mich auch.

Eine Sekunde lang reagierte ich überhaupt nicht. Sogar mein Atem stockte. Dann trat ich so schnell ich konnte in die Pedale. Schneller, immer schneller.

„He!“, rief Lucas.

Ich dachte an seinen Hund und dass er gleich das Tier auf mich hetzen würde.

Vor mir war die lange gerade Straße, die zum Meer führte. Dort würde ich mich nirgends verstecken können. Aber wohin sollte ich sonst? Ich hatte keine Zeit zu überlegen.

Ich radelte immer schneller, der Wind blies meine Haare hoch.

Den ersten Kilometer traute ich mich überhaupt nicht zurückzuschauen, aus Angst, an Geschwindigkeit zu verlieren. Dann kam ich an eine Ampel, die Rot zeigte. Die Kreuzung war leer. Während ich hinüberraste, schaute ich über meine Schulter zurück. Ich konnte es nicht fassen, es war niemand zu sehen.

Ich setzte mich ins Gras am Wegrand. Am Tag zuvor war es mir noch egal gewesen, ob ich nun drinnen oder draußen war, weil sie mich sowieso finden würden. Warum also sollte ich drinnen bleiben?

Jetzt war es mir nicht mehr egal. Zu Hause erschien es mir doch am sichersten. Aber wer hätte gedacht, dass ausgerechnet Lucas schon so früh unterwegs war?

Ich spähte die Straße runter. Es war ein Wunder, dass er den Hund nicht auf mich gehetzt hatte.

Trotzdem zitterte ich. Was sollte ich jetzt machen? Sollte ich einfach zum Strand weiterfahren, wie ich es geplant hatte? Ich verspürte keine große Lust mehr.

Am Weg entlang lief ein Graben. Auf der anderen Seite wuchs Minze.

Letztes Jahr um diese Zeit hatte ich mit Roos einen riesigen Strauß gepflückt. Roos hatte die Minze getrocknet und später hatten wir Tee daraus gemacht. Er hatte gut geschmeckt, etwas geheimnisvoll. „Wassergrabentee" hatte ich ihn genannt, und wir hatten zusammen darüber gelacht.

Heute kam Roos wieder nach Hause.

Ich schaute auf die Uhr. Es war zehn nach neun.

Ein Auto fuhr vorbei. Es hatte zwei Rennräder auf dem Dachgepäckträger. Dann hörte ich ein Mopedgeräusch, und ich sah eine dunkle Jacke und einen weißen Helm.

Ich sprang auf und nahm mein Rad. Aber noch bevor ich aufsteigen konnte, war Lucas mit seinem Moped schon neben mir. Er packte meinen Lenker. „Warte mal, Freundchen. Warum grüßt du mich nicht, wenn wir uns sehen? Also?"

Ich versuchte, mein Rad loszureißen, aber er trat gegen meine Hand. Es tat ziemlich weh. Tränen schossen mir in die Augen.

„Wird's bald? Sag mal schön Guten Tag."

Ich schaute mich um. Der Graben war zu breit, um rüberzuspringen.

„Ich hab dich schon lange nicht mehr gesehen", sagte Lucas. „Wo hast du dich rumgetrieben? Na, was ist los? Wo warst du?"

„Ich war krank." Ich sprach viel zu leise und musste es wiederholen.

„Krank? Och je, der Kleine hatte sich sicherlich erkältet? Und lag gemütlich in seinem Nest. Was denkst du wohl? Ich brauche Geld, hörst du! Also, nimm dein Rad und komm brav mit mir."

Ich hatte zwar nie ernsthaft über Everts Vorschlag nachgedacht, aber ich fragte trotzdem: „Hat dein Bruder nicht mit dir gesprochen?"

Er schien mich nicht zu hören. Ich wiederholte lauter: „Hat Evert nicht mit dir gesprochen? Du solltest mich doch in Ruhe lassen!"

Lucas' Unterlippe ging runter. Er zog die Augenbrauen zusammen. „Was redest du da für ein Zeug. Was soll der Unsinn?"

„Evert hat gesagt, dass ich ihm jede Woche vierhundert Euro bringen soll, dann würdet ihr mich in Ruhe lassen."

„Du lügst", schnauzte Lucas.

„Nein!", schrie ich. „Wirklich nicht!"

Lucas' Gesicht verzog sich. Ich hatte das Gefühl, dass jemand mir den Hals zuschnürte. Lucas warf mein Rad auf den Boden. Ich ging einen Schritt zurück.

„Scheißkerl", sagte er böse. „Denk nur nicht, dass du mich los bist!" Er gab Gas, steuerte haarscharf an mir vorbei und überrollte mein Vorderrad. Das Moped kam leicht ins Schleudern, aber Lucas konnte noch das Gleichgewicht halten. Er raste davon.

14.

Ich ging zu Roos. Ich weiß nicht, wie lange ein Mensch diese Spannung aushalten kann. Ich konnte es nicht mehr. Ich wollte Roos alles erzählen, und dann sollte sie sich einfallen lassen, wie es weitergehen sollte.

Mein Vorderrad eierte ziemlich. Ich konnte nicht mehr fahren und hatte auch keine Lust, das Fahrrad den ganzen Weg zu schieben. Also schloss ich es ab.

Ich ging an der Fahrbahn entlang, weil hier kein Fahrradweg war. Zu Fuß würde es bestimmt eine Dreiviertelstunde bis zu Roos dauern, aber das machte mir nichts aus.

Es kam immer mehr Verkehr auf. Der Fahrtwind von jedem Auto, das vorbeifuhr, zerzauste meine Haare und bauschte mein T-Shirt auf. Fast alle Autos waren mit Surfbrettern oder Schlauchbooten beladen.

Um in aller Ruhe Muscheln zu suchen, musste man anscheinend noch früher aufstehen. Dann und wann kam mir ein Moped entgegen. Ich zuckte jedes Mal zusammen, obwohl ich nicht erwartete, dass Lucas zurückkommen würde.

Es war kurz nach zehn, als ich Roos' Haus erreichte. Ich verspürte keine große Angst mehr, ihr alles zu erzählen. Ich war sogar erleichtert. Jetzt würde bald alles vorbei sein. Vielleicht würden andere schlimme Dinge auf mich zukommen, aber alles, was ich in den letzten Wochen durchgemacht hatte, würde endlich ein Ende haben.

Roos war nicht da. Ich hätte darauf vorbereitet sein sollen, war es aber nicht. Mit hängenden Schultern ging ich langsam ums Haus. Ich schaute durch jedes Fenster. Aber dahinter bewegte sich nichts. Ich setzte mich auf die Gartenbank. Hatte Mama erwähnt, wann Roos kommen würde? Ich dachte angestrengt nach, aber ich konnte mich an keine Uhrzeit erinnern.

Warum war sie jetzt nicht da? Ich sprang wieder auf und ging im Garten auf und ab. Bei jedem Schritt wurde ich wütender. Sie hätte da sein sollen! Sie hätte wissen müssen, ja, spüren müssen, dass ich sie jetzt brauchte.

Ich trat gegen den Mülleimer. Ich trat gegen die Bank. Ich schlug mit den Fäusten gegen die Küchentür.

Warum war sie nicht da?

Ich wartete bis halb zwölf. Dann hielt ich es nicht mehr aus. Ich war kurz davor, durchzudrehen. Außerdem war mir aufgefallen, dass eine von Roos' Nachbarinnen mich durch ein Fenster im ersten Stock beobachtete. Ich sah, wie sich die Gardine hin- und herbewegte und sich dahinter ab und zu undeutlich ein Kopf abzeichnete. Als ihr Kopf zum dritten Mal auftauchte, streckte ich die Zunge raus, hob eine Faust und zeigte ihr einen Vogel. Die Frau öffnete das Fenster und beschimpfte mich.

„Lass mich in Ruhe, blöde Kuh!", schrie ich zurück.

Meinetwegen konnten alle platzen. Auch Roos.

Ich rannte weg.

Warum ging ich zu ihr? Nur weil ich sie vom ersten Augenblick an nett gefunden hatte? Oder weil es niemanden sonst gab, dem ich mich anvertrauen wollte?

Ich weiß es nicht. Ich ging zu ihr, ohne zu überlegen. Ohne darüber nachzudenken, ob sie mich reinlassen würde und ob es ihr passte. Ich dachte nur eins: Lass sie bitte zu Hause sein! Sie muss da sein!

Und sie war da. Sie öffnete selbst die Tür.

„Hallo", sagte ich.

„Hallo", antwortete sie. Ihre Stimme hörte sich fragend an. Dann lachte sie. „Lass mich raten. Und verzeih mir, wenn ich falsch liege. Du bist Alex, der Junge von gestern."

Ich brachte kein Wort heraus, ich war so froh. Froh, weil sie zu Hause war, aber besonders, weil sie sich an mich erinnerte und sogar meine Stimme erkannte.

„Und? Hab ich richtig geraten?", fragte sie.

„Ja, ja!", sagte ich schnell. „Ich …"

Sie streckte ihre Hand aus. „Komm rein, Alex."

Sie zog mich über die Schwelle.

Als ich im Zimmer stand, klappte ich förmlich zusammen und fand es plötzlich lächerlich, dass ich zu Hester gegangen war. Ich kannte sie ja kaum! Vielleicht eine halbe Stunde war ich da gewesen. Ich wusste nichts von ihr. Und sie wusste fast nichts von mir. Ich konnte einer Fremden doch nicht erzählen, dass ich Menschen beraubt hatte.

„Setz dich, Alex. Oder soll ich dir meine Sammlung zeigen?"

Vor drei Stunden noch hatte ich Muscheln für sie suchen wollen. Jetzt hatte ich schon fast wieder vergessen, dass Hester Muscheln sammelte.

„Was?", fragte ich.

Ich beschloss, mir die Skelette und die Muscheln anzuschauen und dann wieder zu gehen. Ohne Hester etwas zu sagen.

Ich ging mit ihr zur Vitrine. Sie öffnete die Tür. Ihre Finger tasteten die Regale ab. Die Skelettsammlung bestand hauptsächlich aus kleinen Haustieren.

„Das ist ein Hund", sagte Hester. „Ich denke, dass du die Rasse erraten kannst."

„Ein Dackel", antwortete ich.

„Sehr gut", sagte Hester. Sie legte ihre Hand auf meinen Arm. Ich erschrak, weil ich dachte, etwas falsch gemacht zu haben. „Ich finde es richtig schön, dass du dich dafür interessierst", sagte sie strahlend. „Das kommt sehr selten vor."

Sie zeigte mir alles im Schrank. Hester nannte Namen und ließ mich die Schädel betasten, genau wie sie es selbst machte.

„Gestern, war das Ihr Mann?", fragte ich.

„Hilfe, nein", sagte sie. „Das war Luuk, mein Bruder."

Luuk.

Lucas.

Evert.

Es flimmerte mir vor den Augen.

„Ich muss jetzt gehen", sagte ich plump und unterbrach Hester mitten in einem Satz.

Sie schwieg erstaunt.

„Ich muss nach Hause." Ich schrie fast. Meine Stimme überschlug sich. Ich stellte den Schädel, den ich in der Hand hielt, ins Fach zurück. „Ich muss nach Hause", sagte ich zum dritten Mal. Meine Stimme hörte sich jetzt wieder mehr oder weniger normal an.

„In Ordnung", sagte Hester. „Komm, ich begleite dich zur Tür."

Sie ging voraus, ihre Hände etwas nach vorne gestreckt, wie ich es inzwischen von ihr gewöhnt war. An der Tür blieben wir stehen. Sie öffnete sie nicht. Ich schaute sie an. Ihr Gesicht war ernst. Ich denke, dass es das erste Mal war, dass sie mit mir sprach, ohne zu lächeln. Ich sah, dass sie überlegte, was sie sagen sollte.

„Kann ich dir vielleicht helfen, Alex?"

Ich spürte ein Stechen in der Herzgegend.

„Ich will mich nicht aufdrängen, aber vielleicht möchtest du mir etwas erzählen."

Ich blieb wie angewurzelt stehen. Ich weiß nicht wie lange. Ich kam mir vor wie eine Statue und hatte das Gefühl, mich überhaupt nie mehr bewegen zu können.

Dann legte Hester wieder ihre Hand auf meinen Arm. „Alex", sagte sie leise.

Ich schaute sie an. „Ja", sagte ich. „Eigentlich möchte ich etwas erzählen."

Als ich neben ihr auf dem Sofa saß, fiel es mir gar nicht mehr schwer, über alles zu sprechen. Ich war so erleichtert, alles loszuwerden. Als ob eine schwere Last von mir fiel.

Ich erzählte ziemlich chaotisch. Aber ich glaube, dass Hester alles verstand oder jedenfalls die Einzelheiten zusammenfügen konnte. Während ich sprach, fragte sie nichts. Papa hätte bei allem, was ich sagte, gerufen: „Aber warum hast du nicht dies, warum hast du nicht das getan?" Ich wusste nicht genau, was Mama gesagt hätte, aber sie wäre sicherlich nicht so ruhig wie Hester gewesen.

Sogar als ich fertig war, schwieg Hester noch.

Sie schwieg so lange, dass ich unruhig wurde. Ich rutschte von ihr weg. „Was werden Sie jetzt tun? Die Polizei anrufen?"

Ich wusste nicht, warum ich plötzlich so feindselig wurde.

„Die Polizei anrufen?", wiederholte Hester. Sie nahm ihre Kette zwischen die Finger und spielte mit den Perlen. „Meinst du, das wäre das Beste?"

„Ich bin doch ein Dieb!", sagte ich laut. Wollte ich, dass sie böse wurde? Nein, ich wollte, dass sie Mitleid mit mir hatte und sagte, dass es doch nicht meine Schuld war.

Hester drehte mir ihr Gesicht zu. Wieder sah ich ihre erstaunlich hellgrauen Augen. Augen, die mich nicht sehen konnten. „Hör mir mal zu! Wir sind doch Freunde. Wir haben das gleiche Hobby. Denk mal an ein Skelett. Was passiert, wenn man das Rückgrat herausnimmt?"

Ich gab keine Antwort.

„Ohne Rückgrat fällt das Skelett in sich zusammen. Alex, wir wollen Freunde sein. Was passiert mit einer Freundschaft, wenn zwei Menschen kein Vertrauen zueinander haben?"

Ich antwortete immer noch nicht.

„Wenn du nicht möchtest, dass ich die Polizei verständige, tue ich es nicht. Wirklich nicht. Versprochen.

Aber wie lange wirst du das alles noch aushalten? Glaube bloß nicht, dass Evert und Lucas dich in Ruhe lassen werden. Bis jetzt hast du sieben oder acht Menschen beraubt. Nächste Woche sind es vielleicht schon zehn."

Was sie sagte, wusste ich schon lange. Hundert Mal hatte ich das schon gedacht. Aber als Hester es aussprach, hörte es sich noch viel schlimmer an.

„Was soll ich denn tun?", rief ich. „Ich traue mich nicht, es jemandem zu sagen."

„Du hast es mir doch auch gesagt", sagte Hester ruhig. „Und wenn deine Oma zu Hause gewesen wäre, hättest du es ihr erzählt. Du möchtest doch am liebsten, dass alles vorbei ist. Wenn du schweigst, gibt es keine Lösung."

„Ich wünschte, alles wäre nur ein böser Traum. Dann würde ich aufwachen und alles wäre vorüber", sagte ich.

Hester lächelte und streckte ihre Hand nach mir aus. „Ich kann mir gut vorstellen, dass viele Menschen sich so etwas von Zeit zu Zeit wünschen."

Eine Weile sagte keiner von uns etwas. Ich horchte auf die Geräusche von draußen: Autos, die vorbeifuhren, eine Kinderstimme und weit weg die Sirene eines Krankenwagens.

„Meine Oma hat der Polizei auch nichts erzählt", sagte ich. Ich wusste ganz genau, dass ich zur Polizei gehen sollte, aber irgendwie wünschte ich mir, dass Hester sagte, es wäre nicht nötig.

„Nach dem Überfall, meinst du?", fragte Hester. „Nicht sofort, das stimmt. Aber später schon."

Was meinte sie? Wie konnte Hester wissen, was Roos getan hatte? Hester drückte meine Hand. „Die Welt ist sehr klein, Alex. Ganz zufällig kenne ich deine Oma. Sie heißt Roos van Korven und wohnt in der Deichstraße."

Mein Gesicht wurde knallrot, ich spürte es.

„Wir kennen uns schon seit Jahren. Vor einigen Wochen war ich bei ihr zu Besuch, und da kam gerade ein Polizist, um sie zu befragen. Er ist zu allen Leuten in der Nachbarschaft gegangen. Kennst du Frau de Beer?"

Ich überlegte. „Nein."

„Sie wohnt auch in der Deichstraße."

„Ich kenne dort niemanden außer Roos."

„Na ja … Frau de Beer wurde auch von zwei Jungen überfallen. Es waren die gleichen Jungen, die sie einige Tage zuvor aus dem Haus deiner Oma kommen gesehen hatte. Sie konnte sich noch gut an die beiden erinnern, weil einer von ihnen junge Kröten zertrampelt hatte."

Plötzlich wusste ich wieder, wer Frau de Beer war. Ich sah sie vor mir in ihrer gelben Regenjacke, wie sie versuchte, den Verkehr umzuleiten. „Wurde sie auch überfallen?"

Hester nickte. „Ja, sie wurde auch überfallen. Dann hat deine Oma eingesehen, dass sie nicht länger vor der Polizei verschweigen konnte, dass sie auch von den beiden überfallen worden war."

Ich erstarrte. „Und dann hat Roos alles erzählt. Und …" Meine Stimme stockte. „Und ich muss jetzt auch alles erzählen." Ich hoffte noch immer, dass sie Nein sagen würde. Eigentlich war ich noch genauso weit wie zehn Minuten zuvor. Ich wollte aufwachen und feststellen, dass alles ein Traum war.

„Alex, du weißt, wie die Jungen heißen. Du weißt sogar, wo sie ungefähr wohnen. Sie haben Menschen überfallen. Sie haben dich benutzt, um Handtaschen zu stehlen."

„Das ist es ja!", schrie ich. „Ich habe sie gestohlen. Ich habe es getan!"

Hester zog mich zu sich und klopfte mir beruhigend auf den Rücken. „Hör mal, ich mache dir einen Vorschlag. Vielleicht ist Roos jetzt zu Hause. Soll ich mal anrufen? Wenn sie zu Hause ist, gehen wir zu ihr und erzählen alles. Und dann geht ihr zusammen zur Polizei. Wenn du möchtest, gehe ich auch mit."

Sie gab mir einen leichten Stups. „Sag mal, was hältst du davon? Zusammen mit zwei alten Damen zur Polizei. Sicherer geht es nicht. Roos wird dir auch helfen, es deinen Eltern zu erzählen. Und wenn sie es nicht macht, helfe ich dir."

Ich seufzte. Ich hatte ja keine andere Wahl. „Gut", sagte ich leise.

Hester richtete sich langsam auf und ging zum Telefon. Sie nahm den Hörer ab und drehte ihren Kopf in meine Richtung. „Alles wird wieder gut", sagte sie und wählte die Nummer.

Ich hörte das Telefon am anderen Ende klingeln.

Dann nahm Roos ab.

Hester fasste sich kurz. Ich blieb wie angewurzelt auf dem Sofa sitzen. Es war verrückt. Als ich Hester sprechen hörte, kam es mir vor, als ob es nicht mich, sondern jemand anderen betraf.

„Was hat Roos gesagt?", fragte ich, als Hester den Hörer auflegte.

„Sie kommt", antwortete sie.

„Aber was hat sie gesagt?"

Hester überlegte kurz, dann schüttelte sie den Kopf. „Sie hat nichts gesagt, außer dass sie sofort kommt."

Ich seufzte. Ich ging zum Fenster und schaute hinaus. Mit dem Auto würde Roos in etwa zehn Minuten da sein.

15.

Roos meinte, dass mein Vater und meine Mutter es als Erste wissen sollten. Sie ging mit mir nach Hause.

Als Hester uns rausließ, umarmte sie mich. „Halt die Ohren steif", sagte sie. „Wirklich, es wird alles wieder gut. Ich werde an dich denken." Sie gab mir eine Muschel. „Das ist ein Wellhorn."

Ich konnte kaum antworten, nur etwas stammeln. Ich steckte das Wellhorn in meine Hosentasche und umklammerte es während der Heimfahrt.

Ich kam mir vor wie im Film. Je näher wir zu unserem Haus kamen, desto ängstlicher wurde ich. Von dem Moment an, als wir ins Auto gestiegen waren, hatte Roos kein Wort mehr gesprochen. Ich wollte laut sagen, dass ich Angst hatte, aber ich tat es nicht. Das Schweigen war unerträglich. Dann hielten wir vor unserem Haus. Roos parkte das Auto genau vor der Tür.

Ich hatte gehofft, dass meine Eltern nicht zu Hause sein würden. Aber sie waren da. Papa arbeitete in seiner kurzen Hose im Garten hinter dem Haus. Ich schaute Roos an. Sie nickte. Papa hatte uns inzwischen auch gesehen und kam uns entgegen. „Hallo, das ist ja schön. Aber Alex, ich dachte, du wärst am Strand."

Ich antwortete nicht. Ich glaube, er erwartete auch keine Antwort. Er ging in den Garten voraus und zeigte Roos den Apfelbaum. Er hatte schon kleine Äpfel angesetzt.

Roos ließ ihn aussprechen. Ich tastete in meiner Hosentasche. Ich werde an dich denken, hatte Hester gesagt.

Auch Mama hatte uns jetzt gesehen. „Mutter!", rief sie überrascht. Sie trug ein Sommerkleid und glänzte vor Sonnenöl. „Ich wollte dich heute Abend besuchen. Wie geht es deinem Fuß?"

„Prima", antwortete Roos. „Ich bin wieder so schnell wie ein Wiesel. Aber … ich komme aus einem anderen Grund." Sie stellte sich hinter mich und legte ihre Hände auf meine Schultern. Ich traute mich nicht, meine Eltern anzuschauen, ich spürte nur Roos' Hände.

„Wir müssen euch etwas erzählen." Sie klopfte mir leicht auf die Schulter. „Ich denke, dass wir am besten ins Haus gehen."

„Was ist passiert?" Mamas Stimme klang schrill. Sie kam sofort auf mich zu. „Alex?"

Mein Vater sagte nichts. Ob er sonst irgendetwas machte, weiß ich nicht, denn ich schaute ununterbrochen auf den Boden. Ich sah die Fliesen auf der Terrasse, Schuhe, die Schwelle und dann den Parkettboden.

Roos setzte sich neben mich aufs Sofa.

„Was ist los?", fragte Papa schließlich.

„Eh …", sagte Roos. Ich starrte auf ihre braunen Schnürschuhe. „Möchtest du es lieber selbst erzählen, Alex?"

Aber ich hatte keine Ahnung, wie ich anfangen sollte. Dann hat Roos es getan.

Zuerst war mein Vater wütend. Ich glaube, ich habe ihn noch nie so wütend gesehen. Er machte mir viele Vorwürfe. Er sagte Dinge, an die ich noch nie gedacht hatte und die ich auch nur halb verstand. Dass ich eine Schande für ihn sei, und dass sein Sohn ein Krimineller sei. Ein Krimineller ist doch ein Verbrecher, oder? Ich war doch kein Verbrecher! Was würden die Nachbarn sagen, und wie solle es nur mit mir weitergehen. Ja, das sagte er auch.

„Aber ich konnte nichts dafür!", schrie ich plötzlich.

„Oh, nein?", schrie mein Vater zurück. „Du Feigling. Du hättest dich besser wehren sollen. Du hättest den beiden von Anfang an zeigen sollen, dass du zu solchen Scherzen nicht aufgelegt bist. Aber dazu hast du nicht den Mut."

Dann stand Roos auf. „Was sagst du?" Sie sprach so ruhig und beherrscht, dass jeder ihr zuhören musste. „Keinen Mut? Du wagst zu behaupten, dass Alex keinen

Mut hat? Was denkst du, was der Junge in den vergangenen Wochen durchgemacht hat? Das hat er alles ganz allein verarbeiten müssen."

„Das ist seine eigene Schuld", sagte mein Vater. Er ging zum Schrank und schenkte sich einen Schnaps ein. „Wenn er mich braucht, bin ich für ihn da. Und seine Mutter auch!"

„Ja, wirklich?", fragte Roos. „Na dann … Ich glaube, dass er euch jetzt dringend braucht."

Ohne Roos hätte ich es nicht überstanden. Sie ließ Papa sich austoben und Mama ausjammern. Sie erzählte auch, dass Evert und Lucas sie überfallen hatten, und dass sie mich gebeten hatte, darüber zu schweigen. Die ganze Zeit saß sie ganz dicht neben mir. Dann hatte ich keine große Angst mehr, denn ich merkte, dass Papas Wut ihren Höhepunkt erreicht hatte und nun langsam abnahm.

Papa und Mama sind zusammen mit mir zur Polizei gegangen. Ich war noch nie dort gewesen. Eigentlich fand ich es ziemlich spannend. Im Flur hingen viele Plakate, die versprachen, dass man fünftausend Euro Belohnung bekommt, wenn man der Polizei bei der Suche nach Verbrechern behilflich ist. Es durchzuckte mich. Hatte die Polizei mich auch gesucht? Mir fiel der Zeitungsbericht wieder ein.

Hatten alle Frauen, die ich beraubt hatte, bei der Polizei eine Täterbeschreibung abgegeben?

Abends schien alles vorbei zu sein. Es war kurz nach sieben. Papa schaute sich eine Sportsendung im Fernsehen an. Ich war oben in meinem Zimmer allein. Das Wellhorn lag auf der Fensterbank und glänzte weiß und rotbraun in der Sonne.

Auf der Polizeidienststelle hatte ein Ermittlungsbeamter alles aufgeschrieben, was ich erzählte. Dann wurde ich wieder entlassen. Jemand würde zu Evert und Lucas gehen, um die Sache zu klären. Später würde die Polizei wieder Kontakt mit mir aufnehmen.

Ich legte mich aufs Bett und starrte zur Decke. Roos war wieder nach Hause gegangen. Als sie ging, hatte sie mich umarmt, so wie Hester. „Dein Vater und deine Mutter brauchen Zeit", sagte sie. „Sie müssen es zuerst verarbeiten, versuch das zu verstehen."

Ich hatte noch immer keine Ahnung, wie es für mich ausgehen würde, aber ich hatte verstanden, dass ich nicht ins Gefängnis musste. Kinder in meinem Alter kommen nicht so schnell ins Gefängnis. Außerdem waren Evert und Lucas auch schuldig, vielleicht noch mehr als ich.

Ich blieb eine Weile liegen. Ich fühlte mich matt. Vielleicht habe ich sogar etwas geschlafen. Plötzlich hörte ich ein Moped, aber es dauerte einige Sekunden, bis ich das Geräusch bewusst wahrnahm. Erst als es klingelte, stand ich auf und ging zum Fenster. Ich sah Lucas' Zündapp vor unserem Haus. Die Haare auf meinen Armen standen zu Berge. Ich rannte zur Tür und riss sie auf. Meine Mutter war schon im Flur und öffnete bereits die Haustür. „Lass das, Mama!", schrie ich. „Nicht aufmachen! Sie sind es!"

Aber es war zu spät. Während Mama sich umdrehte und zu mir hochschaute, drückten Evert und Lucas die Tür auf. „Wo ist der Schweinehund?!", rief Lucas.

„Was wollt ihr?", stammelte Mama.

„Er ist oben!", schrie Evert.

Ich rannte in mein Zimmer, schloss die Tür ab und stemmte mich mit meinem ganzen Gewicht dagegen. Unten im Flur hörte ich Gepolter und Geklirr.

Dann stampfte jemand die Treppe hoch. Sie bringen mich um, dachte ich.

Ich schaute mich um, suchte irgendetwas, das ich vor die Tür stellen konnte.

Sie waren schon auf dem Treppenabsatz. Ich hörte sie vor meiner Tür.

„Seid ihr total übergeschnappt?", hörte ich laut die Stimme meines Vaters.

„Er hat uns verraten!", schrie Evert.

„Ach ja?", sagte mein Vater.

„Ja! Meine Mutter hat gesagt, dass die Polizei bei uns war!"

„Das hätte schon viel früher geschehen sollen!", schrie Papa. „Runter mit euch!"

„Ich schlage ihn zusammen!", rief Lucas.

Ich konnte hören, dass gekämpft wurde. Ich steckte die Finger in den Mund und biss auf die Nägel.

„Hört auf, aufhören!", kreischte meine Mutter.

Ich hörte Schlagen, Fluchen, Stöhnen. Es wurde etwas geworfen. Und plötzlich tat sich etwas in meinem Kopf. Ich wurde wütend. Ich öffnete die Tür. Papa, Evert und Lucas rollten kämpfend über den Treppenabsatz. Brüllend stürzte ich mich auf sie. Ich schlug, ich trat, ich biss. Blut tropfte aus meiner Nase, innerhalb kurzer Zeit hatte ich ein geschwollenes Auge. Ich kämpfte weiter. Meine Hände taten weh, meine Lippe wurde dick und warm. Ich spuckte Blut auf den Boden.

Plötzlich hielt mich jemand fest und schüttelte mich kräftig. „Aufhören!", schrie eine fremde Stimme. „Aufhören! Was ist hier los?"

Da erst bemerkte ich, dass einige Polizisten hereingekommen waren.

Evert lag auf dem Boden. Lucas lehnte mit dem Rücken gegen die Wand.

Papa nahm ein Taschentuch und drückte es gegen meine blutende Nase. Er zeigte auf Evert und Lucas. „Die beiden können Sie mitnehmen", sagte er.

Leseprobe aus:

Carolin Philipps,
Die Mutprobe

Schulausgabe erschienen im
Hase und Igel Verlag, München
ISBN 978-3-86760-010-1
Begleitmaterial für Lehrkräfte
ISBN 978-3-86760-310-2

Angefangen hatte es vor drei Tagen, als sie am Nachmittag wie immer allein zu Hause gewesen war. Wenn Kristina mittags aus der Schule kam, war ihre Mutter meist schon weg. Manchmal hatte sie gekocht, aber häufig machte Kristina sich irgendetwas in der Mikrowelle warm. Oder sie fand auf dem Küchentisch Geld und eine Einkaufsliste. Dann musste sie erst noch einkaufen gehen. Aber das machte ihr nichts aus. Daran war sie gewöhnt. Sie kannte es nicht anders.

An jenem Tag hatte die Mutter es wohl sehr eilig gehabt. Jedenfalls fand Kristina weder irgendetwas Essbares im Kühlschrank noch Geld. Also wärmte sie sich einfach den Rest der Pizza vom Vortag im Backofen auf.

Sie war gerade auf dem Weg vom Wohnzimmer in die Küche, um sich das zweite Stück Pizza zu holen, als sie laute Stimmen im Hausflur hörte. Normalerweise war um diese Zeit nie etwas los. Kristina schaute neugierig durch den Türspion.

Sehen konnte sie nichts, aber sie hörte, wie jemand die Treppe herauffrannte. Dann wurde heftig gegen die Tür geschlagen.

Kristina sprang erschrocken zwei Schritte zurück.

„Aufmachen! Bitte aufmachen!"

Vorsichtig, auf Zehenspitzen, schlich Kristina zurück zur Tür und schaute erneut durch den Türspion. Zwei Augen, die vor Angst ganz groß waren, starrten sie von der anderen Seite des Spions an.

„Aufmachen! Bitte!!"

Die Stimme klang so verzweifelt, dass Kristina ohne nachzudenken den Riegel von der Tür schob, obwohl ihre Mutter das streng verboten hatte.

Kaum hatte sie die Tür vorsichtig einen Spalt geöffnet, da wurde sie von außen so heftig aufgestoßen, dass Kristina zur Seite geschubst und gegen den Flurschrank geschleudert wurde. Sie verlor das Gleichgewicht und fiel hin.

Ein Junge von vielleicht 14 Jahren stolperte in die Wohnung, schlug die Tür mit einem Knall hinter sich zu und schob den Riegel vor. Dann rutschte er erschöpft an der Tür entlang auf den Boden. „Pff! Das war wirklich knapp", keuchte er.

Kristina betrachtete ihn wütend. Er war bestimmt zwei Köpfe größer als sie und ziemlich kräftig. Er sah auf jeden Fall gar nicht danach aus, als ob er vor irgendjemandem Angst haben müsste. Sie rieb sich ihren schmerzenden Arm, aber noch ehe sie etwas sagen konnte, hörte man ein wildes Gepolter, das immer näher kam.

Dann wurde schon wieder gegen die Tür gehämmert. „Aufmachen! Wir wissen, dass du da drin bist! Komm raus, du Feigling!"

Der Junge legte den Finger auf die Lippen und sah Kristina beschwörend an. Jetzt bloß kein Wort sagen! Aber das hatte Kristina ohnehin nicht vor. Sie war vor Schreck sprachlos.

„Aufmachen!" Wütendes Gehämmer gegen die Tür. Dann waren gezischte Worte zu vernehmen: „Du entkommst uns nicht! Wir kriegen dich!"

Kristina zog ihren Kopf ein.

Schweigend warteten sie, bis es vor der Tür ruhig wurde. Sie hörten, wie Schritte die Treppe hinunterpolterten. Sie wurden leiser und leiser.

Der Junge stand vorsichtig auf und spähte durch den Spion. „Weg sind sie!", sagte er erleichtert und ließ sich wieder auf den Boden fallen.

„Wer war das?", wollte Kristina wissen.

„Keine Freunde von mir", sagte der Junge.

Kristina sah ihn böse an. Dafür, dass sie ihn gerettet hatte, konnte er jetzt wenigstens etwas mitteilsamer sein.

„Die wollen mich fertigmachen. Jonas und seine Gang." Er fuhr sich mit beiden Händen durch seine braunen Haare und holte noch einmal tief Luft. Dann stand er auf und wanderte durch die Wohnung. „Schick hast du es hier. Gefällt mir, deine Wohnung. Du könntest mir was zu trinken anbieten. Ich bin ziemlich gerannt."

Kristina gehörte eigentlich nicht zu den Menschen, die immer taten, was andere ihnen sagten, aber so jemanden wie diesen Jungen hatte sie noch nie kennengelernt. Und ehe sie so richtig wusste, was sie tat, stand sie auch schon in der Küche und goss ihm ein Glas Cola ein.

Der Junge trank in großen Schlucken. „Bist du immer alleine?"

Kristina nickte. „Meine Mom arbeitet Schicht. Von mittags bis nachts."

Der Junge nickte nachdenklich. „Und dann bist du alleine hier in der Wohnung?"